杨文　麓雪/著

和儿子一起成长②

成长的节奏

北京师范大学出版集团
BEIJING NORMAL UNIVERSITY PUBLISHING GROUP
北京师范大学出版社

图书在版编目(CIP)数据

和儿子一起成长. 2/杨文，篪雪著.—北京：北京师范
大学出版社，2013.6（2019.9重印）
ISBN 978-7-303-16115-7

Ⅰ．①和… Ⅱ．①杨…②篪… Ⅲ．①家庭教育
Ⅳ．① G78

中国版本图书馆 CIP 数据核字（2013）第 059746 号

营 销 中 心 电 话　　010-58808056 58807651
京师心悦读新浪微博　　http://weibo.com/bsdsercb

HE ERZI YIQI CHENGZHANG
出版发行：北京师范大学出版社 www.bnup.com
　　　　　　北京新街口外大街 19 号
　　　　　　邮政编码：100875
印　　刷：北京京师印务有限公司
经　　销：全国新华书店
开　　本：787mm × 1092mm　1/16
印　　张：15
字　　数：175 千字
版　　次：2013 年 6 月第 1 版
印　　次：2019 年 9 月第 8 次印刷
定　　价：34.00 元

策划编辑：谢雯萍　　　　责任编辑：王　芳
美术编辑：袁　麟　　　　装帧设计：红杉林文化
责任校对：李　菡　　　　责任印制：乔　宇

洞悉生命成长的节奏

　　《和儿子一起成长》一书出版后的六年时光里，我和这本书的策划人麓雪在忙碌工作之余，回复了很多父母的教子问题，也和很多的母亲沟通座谈。我们发现，千万个父母，就有千万个问题，因为家庭是不一样的家庭，孩子是不一样的孩子，人不是从流水线上下来的机器，是活生生的、独具个性的，不可能用一个"药方"去解决孩子教育的所有问题。所以，很多时候，我们感到力不能及，不仅仅是因为我们的时间不够用、我们的学识不够渊博，还因为很多父母都想拿到一套教育孩子的锦囊妙计，然后，就像拿一本菜谱一样，照本宣科地去"烹调""教育"自己的孩子。

　　但事实是，生命的成长有它内在的秩序，需要遵循自然规律，尊重个性特点，洞悉生命成长的节奏。更多、更直接有效的家庭教育，来自于父母的言行示范、家庭文化的熏陶，来自于父母对儿童身体、心理成长规律的认识，那些面对孩子的教育方法，就是在这样的一个大前提下进行的。父母心智成熟，有科学的育儿理念和知识，面对自己的孩子时，心中就会有数，面对出现的问题，就会有不同的方法来应对和疏导。我认为这就是

"随机教育"。那些适时而变的方法和技巧,不是从别人那里照搬来的,而是在科学的教育理念引导下,面对自己的孩子随机而生的,随机而变的。它来自于母亲的内心,是悟出来的教子法宝。

我们在养育孩子肉体胚胎的同时,还要关注孩子精神胚胎的成长。孩子有一个非常完整、精密的内在秩序系统,有一颗丰富的、有吸收力的心灵。这本《和儿子一起成长 2——成长的节奏》所展示的教子问题,更多的从"精神胚胎"养育的角度,去分析家庭教育中所遇到的问题。这些问题来自于这几年里我们接触过的众多父母,虽然是个性化的,但它也反映了教育孩子中较为普遍的问题,是我们做父母的需要理解和领悟的。

让我们倾心去认识、理解孩子生命成长的韵律,去更好地担当起"教育者、示范者、提供者"这三种角色,把"无私的爱、科学的爱、推出的爱"给予孩子,使孩子在"读万卷书、行万里路、与万人谈"中,成为具有成熟人格、鲜活个性、良好专业技能和社会适应能力的人。

杨 文

2013 年春节

目录
contents

第 3 章 | 成长的节奏 / 63

第 4 章 | 和孩子一起成长 / 143

第1章

父母是孩子成长
的配角

事实上，是儿童用他们自己的心理为教育者了解人类精神的建构规律指明了心路。每个儿童自身就是一个辛勤而又娴熟的"老师"。

关注当下， "优质陪伴"

> 所谓"压力"和"焦虑"都是源于自己的一种思维状态。如果我们在忙碌烦躁的时候，能冷静下来，把注意力放在眼前出现的问题上，而不是自怜或者埋怨，解决问题的方法就一定会有的。

我是一个新妈妈，在一家外企上班，孩子七个月，休完产假上班很忙，还要经常出差，孩子几乎全权托给了婆婆。很多教育书说孩子三岁以前妈妈的陪伴很重要，作为新妈妈不能给孩子更多陪伴的时间，工作、孩子两头牵着，经常有一种无法分身的焦虑。很羡慕杨老师事业和教育孩子都做得很成功，请问如何才能像您说的"担起两种角色"？

● 关注当下，"优质陪伴"

很理解一个忙碌的职业女性当了新妈妈之后的感觉。

孩子三岁之前有妈妈陪伴，对于他安全感的建立的确很重要。这种陪伴并不是说一定得保证多长时间，但必须是有质量的陪伴。**即使每周只有一天能和孩子在一起，这一天如果妈妈能够心无旁骛地倾听孩子，关注孩子，和孩子交流，让孩子感觉得到妈妈的心是和他在一起的，就能在孩子心中注入"安全感"的有效能量。**

有的妈妈可能和孩子待的时间很长，但心不在焉、唠唠叨叨，不懂得怎样倾听和读懂孩子，有时候还会不耐烦、发脾气，这是没有质量的陪伴，是浪费她自己和孩子的时间。

我认识一位 3 岁男孩的妈妈，她是一家私营企业的高层主管。孩子不到

5个月她就上班了，孩子8个月后她经常出差，而且她的丈夫也是经常出差。但她是一个很豁达开朗的女性，很快解决了自己的职业和家庭之间的矛盾，把娘家妈妈搬到自己所在的城市，雇用了每天都来的钟点工，而她自己很忙碌、很有序、很快乐地游弋在工作和家庭之间。母亲自身处于健康快乐的状态中，才有可能把幸福传递给孩子。所以，她3岁的儿子现在心智非常健康，她自己也因工作业绩突出而一再被嘉奖。

她的做法是：不管多忙，每周抽出一天的时间来专职陪伴孩子；不管走多远，她每天必定和孩子在电话里说话，不管孩子是否听得懂，但她让孩子感觉妈妈的爱就在身边。陪伴的这一天，她关掉手机，忘掉工作，排除很多的干扰，给自己和孩子完全在一起的时间和状态。这样，孩子在妈妈这一天的"优质陪伴"中，已经获得的满足感足够建立他自己的安全感。

这个妈妈很少因为孩子和工作的事情纠结，眼前是什么状况，她就把眼前的事情做好，从不把当下不能做的事情纠结于心。我也曾经多次跟很多新手的职业女性妈妈分享过我的一点体会：**当你感觉忙得三头六臂也忙不过来的时候，就试着分清事情的重要性和必做性的次序，先做眼前必须做的，关注当下。**事情都是一件一件完成的，人只有一个脑子一双手，别当"超人"，想做"超人"的人就容易焦虑和不快乐。做工作时心里别想着孩子怎样怎样，和孩子在一起时别再牵挂着工作。不过也可能两者会在某个时间段内搅到一起，那就首先做到心别乱，别着急，别产生和困难不匹配的情绪影响自己和他人。冷静下来，分清眼前的事情哪是轻哪是重，心乱不但不出效率，焦虑急躁中，于事无补还会火上浇油。

有个词叫"活在当下"，它能让我们专注于眼前的人和事，静下心来更好更快地把事情做好。这是一种生存的能力，说起来容易做到难，但为了生活的平衡和安宁，我们女性应该有意识地去修炼和获得这样的能力。

一个妈妈不自怜，不怨天尤人，经济和精神上是独立而快乐的，是她给孩子的良好示范教育。听见不少妈妈说，"工作忙还得管孩子，真是累啊，烦死啦。"这样的语言实际上就是一种自我情绪认同，说的次数多了，不烦也得烦了。女性要有决断力，选择了什么样的生活，就不要纠结，就要快乐地过好这种生活。能够忙而快乐，这是一种能力。

我一直认为女性在生活中是要担起两种角色的，尽管这样的担当付出会很多，但也正是这样的付出，才让我们女人的生命有了更多的内涵和意义。如果家庭的需要和我们自我的需要，让我们选择了不做全职妈妈，那也应该会有一种兼顾的艺术来弥补其中的缺憾，就像那位私企高管妈妈。

"担起两种角色"，是我们生为女人的艰辛，也是我们生为女人的自豪，就看用怎样的智慧和定力，用怎样的判断力和抉择力在这个跷跷板上行走了。

| 小贴士 | 　　"压力"和"焦虑"源于自己的思维状态

很多职业女性在打拼事业和教育孩子之间都有困惑。人的精力是有限的，职业女性工作压力大，而且还要做好母亲，这确实考验着女人的意志力。女性只有从传统的贤妻良母的惯性思维中走出来，才能真正解决和面对这个问题。

工作繁忙，孩子幼小，家务繁重……这些几乎是每一个职业女性都会遇到的问题和压力。很多女性在这样的压力之下，会产生与困难不匹配的焦虑情绪。其实我们在这个世界上活着，就是不断地来解决问题的。一个不太容易情绪化的人，越遇到问题会越清醒和冷静。所以，所谓"压力"和"焦虑"都是源于自己的一种思维状态。如果我们在忙碌烦躁的时候，能冷静下来，把注意力放在眼前出现的问题上，而不是自怜或者埋怨，解决问题的方法就一定会有的。

● ● ●

全职妈妈的意义

> 家庭教育是在抚养孩子"肉体胚胎"的同时，进行着对"精神胚胎"的养育。

中国有句俗语叫"3岁看老"，心理学上说3岁之前是孩子性格形成的关键期，搞教育的人说0~6岁是孩子教育的关键期。想和您探讨一下家庭教育的关键是什么？家庭教育对孩子的影响在多大年龄之前是最重要的？还有，我曾经是一家外企的中层主管，现在是一对一岁半双胞胎儿子的全职妈妈，有时候也困惑，应不应该为了养育双胞胎儿子而放弃了自己的工作。您认为全职妈妈对女性有没有意义？

● 有吸收力的心灵

你能站在这样一个角度，去考虑家庭教育对孩子的影响，说明你是一个善于思考的妈妈。你所思考的这个问题，会让你游刃有余地伴同你的一对双胞胎儿子，和他们共同成长。

想必你已经从一对双胞胎儿子身上感受到了孩子幼小的生命所蕴涵着的丰富的秘密。"儿童有一种未知的力量，这种力量可以引导我们进入美好的未来。如果我们真的想革新这个世界，教育就必须将发展儿童的潜能作为目标。"[1]从这个角度说，孩子来到我们的生命里，其实是帮助我们成

---

[1] ［意］蒙台梭利：《有吸收力的心灵》，北京，中国妇女出版社，2012。

长的。

人在不同的成长阶段具有不同的心理特点，而且这些阶段之间的界限十分明显，不同阶段的变化也非常之大。即便是刚刚出生的婴儿，也有着显著的心理活动。可以这样说，**家庭教育是在抚养孩子"肉体胚胎"的同时，进行着对"精神胚胎"的养育**。不管是卢梭的《爱弥儿》，还是蒙台梭利关于儿童教育的系列著作，都强调了这个问题的重要性。

在 0～3 岁阶段，成年人很难了解儿童的心理。在这个时期，抚养者几乎无法直接对孩子施加教育，所以幼儿园的招生一般从三岁开始。但是，这个时期的孩子有一种神秘的内在力量，这种力量的创造性非常巨大，它在无意识中促使着儿童通过他们周围的环境建立自己的精神世界，蒙台梭利称此为"有吸收力的心灵"。你看他，在襁褓中睁着眼睛咿呀学语，一点一点地学会做各种动作，经常模仿大人的很多行为，挤眼睛、咳嗽……他在嬉戏玩耍间就学习了他来到人世间所看到和感受到的东西，母语及抚养者的行为等，都深深地印在了他的脑海中。

这些不是父母教育的结果，而是孩子无意识学习的结果。但从三岁之后，他就变得完全有意识，并且能够通过自己的行动去完善自己。所以，**在三岁之前，父母在对孩子进行家庭教育的过程中，主要还是"提供者"和"示范者"的角色**。为孩子的成长创设良好的环境，不越俎代庖，不拔苗助长，让这个小小的生命中那种内在的神秘力量，成为主导他生命成长的主角，而不会因为成人的世界受到阻碍。这样，孩子就能形成健康良好的心理结构，自然也会有一个好的性格。

● **全职妈妈的意义**

女性在某个时期，能够自由地选择与她眼前的生存现状相吻合的生活方式，是一种幸运，也是一种具有抉择力的表现。家庭是人类最小的社会单元，你能用你的勤劳、智慧，为自己的孩子和家人创造美丽的人生"第一秩序"，也是很大的功绩。从这一点上说，你这个全职妈妈担当着两个好男儿的"示范者""提供者""教育者"，谁又能说不是价值非凡呢？

当然，在这样的守护和陪伴中，你自己也需要不断地学习，保持与社会、与他人的联系和互动，这对你更好地带给孩子一个丰富的成长环境也很有益。同时，当孩子长大，不再需要你的陪伴时，你还有能力找到你新的生活基点，充实自己的生命而不会有"空巢"之后的"空落"。

这一天对今天的你来说虽然还早，但结果往往是因为过程。和孩子一起成长，不仅仅是父母陪伴孩子，更有父母自己在其中的成长和领悟。

建议你不妨再读一读一些经典教育著作，真正领会之后再面对孩子时，会有一种心领神会、豁然开朗的感觉。你会觉得你是那样懂得那个小生命的一举一动，理解他稚嫩的生命需要妈妈为他付出什么。我当年在儿子出生之前精心研读了这些专著，在我的儿子出生之后，我感觉自己能读懂那个小小的生命，我能知晓他喜怒哀乐的情绪背后传达了怎样的一种心理状态，所以和孩子相处时，就不会紧张焦虑，也不会无奈烦恼，能够自然面对。

因为懂得，所以会爱。每个妈妈都是用心爱着自己的儿女的，只是有时我们给予的爱，却不一定是孩子们需要的，是凭着我们自己的感觉和想象去给予的，这种爱有时甚至可能还成了孩子自我成长的障碍。

所以，真正用心爱孩子，那就让我们成为谦虚的学习者，用心去学习懂得孩子，这份爱才能滋养他的生命健康成长。

●●●●

父母只是孩子成长的配角

> 懂得孩子的成长需求，在孩子的每一个关键期提供给孩子
> 需要的帮助，自己快乐生活、工作的妈妈，更能给孩子好的示
> 范和教育。

我刚刚怀孕，心理上有一些紧张。现在正在读一些关于孕期保健的书，还有很多关于早教的书。不知为什么，越看觉得越焦虑，经常想，"养个孩子怎么这么麻烦啊？"不说上幼儿园、上小学难，光是这早教、那早教的就把刚当妈妈的人搞晕了。到底什么是早教？内容应该是什么？

● 父母只是孩子成长的配角

教育孩子和生孩子一样，都是一个遵循自然规律"造人"的过程。只不过怀孕、生产"造"的是孩子的"肉体胚胎"，家庭教育"造"的是孩子的"精神胚胎"。顺其自然，是孕育生命、培养生命的基本原则，在这个前提下进行的努力，才可以说是真正的早教。

我们能给一个什么都听不懂的婴儿进行什么样的"教育"呢？这个"教育"有着更深远的内涵。在他出生的早期阶段，所谓教育就是为婴儿与生俱来的精神力量的发展提供帮助。父母担当的就是这个"提供者"的角色。父母是孩子成长环境的创设者，但只是孩子成长的配角。

事实上，是儿童用他们自己的心理为教育者了解人类精神的建构规律指明了心路。每个儿童自身就是一个辛勤而又娴熟的老师。像人类说得最流利的、我们称之为母语的语言，就是孩子在两岁之前学习的，而且等长

大之后，再高明的教育也无法把任何一种语言教得像母语那样流利。但是母语的学习是他在他生活的环境中无意习得的，周围的人讲什么样的语言，他就吸收什么样的语言，如果他生下来，在他身边很亲近的人说的是不同的语言，那这个孩子就有可能同时吸收两种语言的信息，等到他语言的爆发期之后，他就有可能同时说两种语言。所谓对孩子的早教，应该是和语言的学习方式同样的途径。

教育是为生命提供的帮助，这种帮助从婴儿刚刚降生就开始了。儿童独自学习的能力是凭借他那颗吸收知识的心灵。这种能力促使他在成长的环境中学习，并促进自己内心的成长。这种学习主要是儿童的一种精神力量在起作用，成人只是"提供者""示范者"，最后才是"教育者"。我一直坚持在家庭教育中做好这三个角色。在孩子长大成人的过程中，做好这三个角色，也就尽到了我们做父母的责任。

孩子出生后的头三年要以最密集、最大的知识量，去刺激他。这个时候他无意习得的东西，就像种子埋进土中，扎根于他的潜意识，会起精神化学反应。这种储存等到他能有意识学习时，对他的影响可能会很大。而且，在他生命的早期，会经历一个由潜在能量产生的迫切需要的阶段。这种能量可以帮助他成长，帮助他在周围的环境中形成自己的性格。早教的重要性也在于此。

● 早期教育以感官训练为主

大脑生理学家们说，人类的脑细胞数目大约有 160 亿个，这个数目终其一生是不会改变的，但这也并不是说人生下来愚笨还是聪明就已经注定了。在出生后的头几年内，脑的重量、体积会与支持它活动的脑血管和血液量一起以很快的速度不断地增多，而且随着外界刺激越来越丰富，细胞和细胞之间也在生成、发展，分化出许多的神经纤维通路，用以应付更复杂的吸收。出生头三年的刺激越多，这种生成、发展就越好。

蒙台梭利主张"**提早教育**"主要以"**感官训练**"为主，认为人类的学习是从感官（视、听、味、触、嗅）开始的，孩子的小手触摸各种物体，小脚踢来踢去，都是感受从具体到抽象的过程。我当年对儿子的"早教"就是从这五个方面开始的，**没有刻意去做，就是在生活中尽量让孩子触摸到一些具体的物品**。软的、硬的、温的、凉的……比如，我允许他抓西红柿，就是让他在抓西红柿的过程中触到软而凉的感觉，看到西红柿种子及汤汁流出的样子，闻到西红柿的味道，他脑中就形成具体到抽象的西红柿了。这就是西红柿知识的输入过程，也是进行早教的过程。

小孩子是在体验中学习的，如果光是告诉他"西红柿"这样一个概念，而他没有实际接触过，他对这个东西就没有具象的认识，也就形不成抽象的概念。从具体到抽象是一种思维能力的提高，这是一个渐进的过程。

对新生儿来说，所谓早期教育就是给孩子五官的刺激。新生儿对温度、湿度、物体软硬等都有感受能力。所以不要把孩子紧紧包裹起来，一定要让孩子的手、脚能自由活动，去感觉外界。新生儿有良好的味觉，喜欢甜，对咸、苦、酸不喜欢。适当的时候可以给孩子不同味道进行刺激，橘子、苹果、香蕉、芒果等的味道，都会让孩子的味觉记忆库更加丰富。值得注意的是，在这个阶段不要养成孩子吃甜的习惯，否则孩子就不喜欢接受其他的味道了。

刚出生的孩子在视觉范围还不能达到一定距离时，他的嗅觉却已经很灵敏了。几天的母乳喂养，孩子就能够分辨自己母亲的气味，对沾有母乳气味的东西表现出很大的兴趣。所以，经常让孩子闻闻各种食品的气味，有助于提高孩子对气味的分辨能力。

新生儿还喜欢轮廓鲜明、颜色对比强烈的图形，喜欢看能变化的人的脸，还能记住所看到的东西，因此还需要不断地变换新的物品，重新引起他的兴趣。当年我在儿子出生后就自己制作了很多色彩丰富鲜艳的"玩具"，来刺激孩子的视觉。在听觉上，孩子一出生，不但能听声音而且对声音有定向力，说明出生时他就已经完成了视听结合的神经连接。孩子喜欢听母亲的声音、柔和的音乐，不喜欢嘈杂吵闹。所以，多跟孩子说说话，多让孩子听优美的音乐，这也是早教。

| 小贴士 | **养育"精神胚胎"，打好人格基础**

早教不是对着孩子读课本、讲道理，对于 6 岁以前的孩子，过多的知识传授，会限制孩子在环境中自我学习的能力。有些孩子之所以不能正常地发育和成长，主要是父母爱孩子但却不能真正认识孩子的需求，压抑和阻碍了孩子的自我成长。我不认为那些整天带着孩子奔波于各种辅导班的妈妈才是好妈妈，我觉得那些懂得孩子的成长需求，在孩子的每一个关键期提供给孩子需要的帮助，自己快乐生活、工作的妈妈，更能给孩子好的示范和教育。

●　●　●

妈妈要学会接纳负面情绪

> 大人怎么处理自己的负面情绪，对孩子影响很大。一个成熟的成年人，是能够在不给他人造成不愉快的情况下，自己解决好自己的情绪问题的。

女儿五岁半，平时都是我这个当妈妈的带她，但我也有自己的工作。孩子的爸爸因为工作关系每个月只能回家一次，女儿对他特别亲。我很担心父亲的缺席对孩子的成长会有什么不好的影响，这种担心越来越严重，以至于最近一段时间我常常会发无名火，觉得孩子是跟我顶嘴不听话。

● 察觉无意识

同为女人，我能理解既要工作又要带孩子的辛苦，也能理解在这个过程中，如果没有丈夫在身边，女性心理上可能产生的孤独和无助感，但是这也正是考验一个女人的韧性和意志力的时候。

首先你自己得接纳现实：孩子必须养，工作不能辞，丈夫的工作性质不能变，那么办？焦虑、发火，这些情绪化的东西解决不了现实层面的问题，只会促生更多的问题，使简单的事情复杂化。

所以，首先需要做的，就是觉察自己的无意识，有意识地改变自己的思维和心态。无意识的力量很强大，当无意识没被意识到的时候，要想改变几乎是不可能的。只有当自己开始意识到问题可能存在于自己身上，并且有意愿和勇气去面对的时候，改变才会发生。

不妨在劳累了一天后夜深人静时，静静地问自己："是女儿需要父亲的陪伴，还是自己需要丈夫的陪伴？丈夫缺席，对女儿和你谁的情绪影响更大？"当然，无论是女儿还是妻子，都需要父亲和丈夫的温暖，但是女儿是小孩子，妻子是成人。成熟的意义，在于自己能够察觉自己的情绪，有能力排解并有力量承担生活的不完美，能够在不完美中快乐地生活。我想，这是一个成熟妈妈的素质之一。只有担当起生活的辛劳和缺憾的成熟父母，才能和孩子建立良好而健康的亲子关系，也只有在健康的亲子关系中，孩子才能拥有健康的人格。

● 妈妈可以有负面情绪

一个结构完善、关系健康的家庭是由父亲、母亲和孩子共同构成的。你的丈夫每月有几天回家的时候，你的女儿和爸爸很亲，你的家庭结构和亲子关系基本是健康的。我不知道你和丈夫相处得如何，但女儿的顶嘴，可能有她成长过程的自然"逆反"，也可能有其他的因素，比如和你对待她喜欢的东西、她喜欢的人的态度有关。当然，女儿跟妈妈顶顶嘴也正常，说明这个要独立的小人儿内心有很强的能量，敢于反对母亲的"权威"，是她有着独立人格和健康心理的一个表现。再说，生活嘛，母女关系也大致如此，顶顶嘴，又亲热无比，没什么可焦虑的。需要关注的，倒还是你自己的"火气"对孩子的影响。

劳累、工作的麻烦、身体生理的周期等都会破坏我们的良好情绪。成熟的父母不会把成人世界的种种不如意，通过情绪肆意蔓延到孩子身上。小孩子的感受很纯粹，哪怕一个眼神，一个细小的动作，都能让他们体会和感受到父母的情绪变化。6岁以前的孩子，基本上不会去分析、判断父母情绪变化的原因，他直接感受到的是情绪本身。他会恐惧、自责，觉得是因为自己不好，产生不安全感，尤其对3岁以内的孩子影响更大。

父母在心情不好的时候，应该把自己的负面情绪坦率地告诉孩子，而不是迁怒，或者压抑。不管怎样假装，敏感的孩子完全能感受到父母的真实心情。让孩子知道，每个人都会有情绪不好的时候，坦率地告诉身边的人"我今天心情不好"或者"刚才那件事让我很生气"，更有益于他人包括孩子对你的理解。坦诚而平静地说出自己的心情，孩子看到，原来自己心目中很强大的爸爸妈妈也会有伤心、愤怒的时候，就给他一种示范。他在成长的过程中，就会接纳并消化自己也有可能出现的不良情绪。

父母要允许自己有不良情绪，接纳自己的情绪低谷，寻求适当的排解渠道。第一，自我消化。找个没人的地方大哭一场，或者找个不会伤人伤己的发泄物尽情宣泄一番。第二，寻求积极的倾听者。朋友、亲人，但不要用自己不良的情绪影响他们的正常生活。那根"救命的稻草"永远在自己的手中。第三，实在不能排解时，要寻求专业的心理专家的帮助。

● 母亲角色的超越

父亲对孩子的优质陪伴，可以弥补因为工作忙碌而导致的"缺席"。但是作为女性，如何在无法改变的现实中，不会因为丈夫的缺席而焦虑，也很重要。

心理学研究表明，一个焦虑的母亲和一个缺席的父亲，将100％培养出情绪障碍的孩子。表面看来，焦虑的母亲对应的恰恰可能是缺席的父亲，而缺席的父亲往往会让母亲很焦虑。在现实生活中，这样的因果关系似乎也是成立的。但是，我们做母亲的不能因为这样的现实、这样的因果，就放弃了对自己的超越。

做妈妈的应该自觉地调整爱孩子的方式。有一个场景，可以让我们做妈妈的自身反省自己抚养孩子时和父亲的不同。一个父亲在一片草地上带着2岁的孩子玩耍，孩子摔倒了，父亲并没有像母亲那样马上惊惶地去扶起孩子，而是漫不经心地看着孩子，让他自己爬起来。这时，如果母亲在身边，很有可能就去责备父亲："你怎么看的孩子？摔倒了也不知道去扶一把。"其实，恰恰是父亲此时的"不扶"，才会"扶起"孩子将来独自面对人生困难的勇气和能力。

母爱伟大也宏大，但本能有时会吞噬理智。所以，母爱有时是需要"自我调控"的。尤其是对 3 岁以上的孩子，要适当地给孩子更多独立的空间，尊重他的建议和想法，放开一些，孩子不累，自己也轻松。别让太黏人的爱成为孩子成长的羁绊。

一个情绪稳定、平静面对问题的妈妈，养育的孩子一般都是很笃定的。孩子是看着妈妈的脸长大的，想象一下，一张阴晴变幻莫测的脸和一张平静淡定微笑的脸，哪个才是家里的太阳呢？

母亲总是承担着更多的养育责任，这是自然，也是社会约定俗成的，不是一朝一夕可以改变的。尤其是在中国传统的文化背景下，相比起其他文化背景下的母亲，即便是在今天，中国的女性在家庭中也承担着更多的责任。母亲对孩子的影响，也更大更深远。所以，中国的母亲才更要超越女性自身的局限，更坚韧、更豁达、更理性地承担起这份责任。这很难，但是为了孩子，也为了自己，我们必须去走这条路——察觉自己，开悟自己，走出焦虑。不但给孩子无私的爱，更要让自己快乐健康！

| 小贴士 | **处理负面情绪的艺术**

人的情绪就像一条波浪线，起起伏伏很正常，但这个起伏应该在一个较平稳的状态下进行。不要好的时候就兴高采烈，不好的时候就像跌至深渊，把不良情绪任意发泄。

大人怎么处理自己的负面情绪，对孩子影响很大。一般来说，一个成熟的成年人，是能够在不给他人造成不愉快的情况下，自己解决好自己的情绪问题的。和孩子一起成长的教育理念中，这也是很重要的一个方面。

● ● ● ●
孩子本身便是父母教子的引路人

> 多读一些经典的儿童教育和儿童心理学专著，了解并学习
> 正确的家庭教育理念，认识并了解一个母亲应该具备的品格和
> 素质，为迎接孩子的到来做好充分的准备。

　　我是个工作很忙的妈妈，女儿已经 4 岁了，感觉在养育孩子的过程中面对孩子有越来越多的困惑，需要学习和指导，但是时间又太紧无法去看很多的书，或者去听课。很多时候心里真是着急。非常希望有一本书能系统地把教育孩子的方法直观地告诉妈妈们，像菜谱那样遇到什么问题解决什么问题。您是成功的妈妈和女性，又是教育专家，我很认同《和儿子一起成长》这本书中的理念，让我很希望您能更详细地举一些例子，让我得到最直接的指导。

● 做母亲需要用心"上岗"

　　孩子就是一本生命之书，需要我们做父母的用心阅读，他们充满活力童真而率性的生命中，蕴涵着我们为父为母的许多好方法。孩子本身就是我们父母教子的引路人，只不过我们总是很难谦虚地蹲下来，从孩子的视角去了解、学习儿童的心理和需求。

　　我不太主张那些新手妈妈们捧着"菜谱"式的教子书，把别的妈妈对孩子的经验和方法，直接拿过来用在自己孩子身上。这些东西不是"广谱消炎药"，只要症状相同，谁用都行。我们面对的是一个有着丰富的心灵、有着内在充足的成长动力、有着他自身生命密码的活生生的独特生命，没有一

概而论的方法可以用到不同的孩子身上，只能借鉴，不好硬搬。我更倾向于女性在做妈妈之前，就要经过"上岗培训"，先让自己成为一个心理成熟、性情稳定、不焦虑、有耐心的女性。多读一些经典的儿童教育和儿童心理学专著，了解并学习正确的家庭教育理念，认识并了解一个母亲应该具备的品格和素质，为迎接孩子的到来做好充分的准备。

这个"上岗证"不像我们在职业上的培训，没有机构考核，没有人监督，是用爱用心自觉的行为，而孩子是我们的"考核人"。

我身边也有很多的职业女性，她们自身的学习能力和抉择力很强，使她们在生孩子之前就对"妈妈"这个角色有了充分的认识，并用心"训练"自己做母亲的基本素养，所以基本能够胸有成竹、游刃有余地面对那个新生命。

当年我也是看了很多的教育和心理学专著，内化成自己做母亲的一种思维方式和素质，它们改变了我的观念，让我了解并懂得孩子的世界，所以面对自己的孩子时就心中有数，面对出现的问题，就会有不同的方法来应对和疏导。我觉得这就是"随机教育"。那些方法不是我从别人那里照搬来的，而是在科学的教育理念引导下，面对自己的孩子随时采取的，随机应变的，它来自于母亲的内心，是悟出来的。

在《和儿子一起成长》一书中，我可能更多地和读者分享了一些让我受益的理念，而忽略了具体技巧性的案例。说实话，《和儿子一起成长》的策划人和编辑约稿这本书时，我的孩子已经长大了，二十多年过去之后，自己在事业的路上也是马不停蹄地往前走着，很多具体的细节也已经忘记了、删除了，记忆库让位给自己忙碌的事业了，所以书中难免有遗憾。

生命成长是一个自然的过程。遵循自然规律，尊重个性特点，每一个好方法都是父母在这样的观念中，从自己孩子的身上发现最适合他的办法。

人不是从流水线上下来的机器，而是活生生的、独具个性的、多元的，所以社会才是五彩纷呈的。孩子是父母的镜子，是家庭文化塑造着孩子的品行，更多、更直接有效的家庭教育，还是来自于父母的言行示范、家庭文化的熏陶，那些教子过程中的小技巧，都是在这样的一个大前提下进行的。

如果用有限的时间去了解儿童成长的秘密，那我建议你不妨去读一读蒙台梭利的《童年的秘密》和《有吸收力的心灵》，不过得用心去体悟其中的精髓，才能化为自己养育孩子的养分。

祝你做个快乐的好妈妈。

●●●
父母的权威不在于严肃的面孔

> 作为父亲，要对孩子进行"优质陪伴"。建立自己权威的最好途径就是懂得尊重他人。

儿子3岁了，最近一段时间非常排斥爸爸，什么事情总要单独跟妈妈一起，不让爸爸参与，这正常吗？孩子的爸爸常出差，尽管他每次回家也是竭力取悦宝宝，但宝宝对他还是比较疏远。父亲怎样才能在孩子教育中"不缺席"？请问父亲怎样才能在孩子面前建立起权威？

● 父亲给孩子的"优质陪伴"

孩子在0~3岁的时候，更需要妈妈的陪伴。女性适合哺育的身体特征和细腻温柔的心理特征，决定了妈妈在孩子的这个成长阶段比父亲更重要。母爱给孩子成长提供着最原始的生理满足、安全满足和爱的满足。所以在这个阶段，一般孩子和父亲的关系都是比较疏远的，甚至他还想独占妈妈呢。

3岁以后，他开始对外面的世界感兴趣。他开始追逐父亲，是因为他喜欢父亲可能带给他的那个更加丰富的世界。直到5岁之后，父亲的爱可以帮助孩子逐渐剥离和母亲的黏连，以便使孩子可以更独立地成长。一般来说，母亲总是太细腻、太放不开手。父亲角色在孩子成长中的更大作用，就是别让那种强大的、自然的母爱，把孩子的独立能力吞噬掉。

如果父亲不能朝夕相伴就是"缺席"的话，那现在有多少父亲能做到在孩子的成长中不"缺席"呢？解决方法是两方面的，一是**作为父亲，要对孩**

子进行"优质陪伴"。所谓"优质陪伴"就是陪伴孩子的时间不在长短，而在于能否利用有限的和孩子在一起的时间，把父爱传达给孩子。

长期驻外不能和孩子朝夕相处的父亲，一定要经常通过电话或者电脑和孩子交谈，让孩子感觉到父亲的关注。父亲在孩子不同的年龄段，用不同的方式和孩子保持沟通交流，这对孩子的健康成长很有益。

即便是不驻外地的父亲，这里面也有个"角色转换"的问题。有的父亲担负着工作重任，回到家庭和孩子在一起时，仍然不能轻松地呈现自己生活中父亲的角色，一边和孩子玩着一边手机不停，孩子好不容易和父亲在一起，这时他会怕工作把爸爸拖走，心里就容易有不安定感和分离焦虑；还有的父亲虽然也和孩子一起玩，但"角色僵化"，陪伴在孩子身边的，不是那个能够懂得蹲下来和孩子说话或者肆意嬉戏的父亲，传递给孩子的仍然是一个职业经理人、教师、政府公务员的语言或者是面部表情……我认为，一个男人不管他的社会角色是什么，回到家庭，在孩子面前，他就是那个很生活化的、能够给孩子温情和安全的普通父亲。就像数学大师陈省身，虽然是几代数学家的偶像，被认为影响了数学和物理学的走向，可是，对于他的一子一女来说，陈省身永远是那个热爱全世界的美食、喜欢奶酪"越臭越好"、在餐馆里点菜比别人更为拿手的父亲。

● 父亲以平等心尊重孩子

至于父亲的权威在哪里？3 岁之前亲情的建立当然重要，但对于一个男孩的父亲来说任重而道远。

一般来说，孩子在 5 岁以后会更喜欢和爸爸玩，因为妈妈有很多规则：吃饭啦，洗脚啦，睡觉啦……总要他这样那样，而爸爸不会轻易打搅他的玩兴。爸爸在这个时期和孩子的关系就是陪玩儿，也不要教育孩子，等到孩子跟爸爸成了铁哥们似的朋友，爸爸的教育才会有效而不遭逆反。

我的丈夫在家里是一个很生活化的人，有时甚至很孩子气，所以，在儿子成长的过程中，他更像一个好朋友那样与儿子相处。他带儿子游玩，无论近郊远郊；骑着自行车转遍城市的大街小巷；体育、历史、社会、政治，甚至对异性的看法，他和儿子无话不谈……只要有时间有可能，他都尽量让儿子多了解男性世界——那个儿子迟早都要成为其中一员的世界。

我们传统观念上父母的权威就是孩子永远得听老子的话，父母永远是正确的。我一直说我们做父母的又不是真理之父、真理之母，凭什么得让孩子永远听我们的？

建立自己权威的最好途径就是懂得尊重他人。孩子是一个完整的人，我们做父母的真的要承认孩子自己身上的内在能量，自觉地把自己当成孩子成长的配角，这样做不仅不会降低父母的权威，反而更能赢得孩子的信赖和尊重。我们一旦能够说服自己从"教育"的主角位置上退下来，甘当孩子成长的配角，那我们对孩子的爱将会更有价值。

"适当帮助""适当给予"，父母的权威不在于严肃的面孔，不在于权位的高低，也不在于钱财的多寡，而在于能够以平等心尊重孩子的尊严和成长需求，给予孩子需要的帮助而不是全权代替，真正的权威和尊严也就由此而生。

● ● ●

尊重老人但坚持原则

> 随着孩子的"肉体胚胎"同时成长的"精神胚胎"，却需要爸
> 爸妈妈的爱和尊重。

女儿一岁半，太任性，什么事情不依她就哭，还蹦着高地哭闹。她会故意把肉松撒一地，不让撒就哭。很多时候她想要的东西，晚拿给她一秒她也急。只要她无理地哭，我就不哄不管，她自己哭几声就不哭了。可是我们自己没住房，和老人住在一起，老人听不得孩子哭，我们又不能当孩子的面和老人说什么，私下说了老人也不听，真是不知道该怎么办？请问孩子这样是不是问题很大？

● 尊重老人但坚持自己的原则

从你的描述中，我觉得你是个懂得面对孩子无理哭闹怎样解决的妈妈，现在面临的是怎样和老人统一态度的问题。

一般来说，三代同堂有利于孩子在感受亲情的融洽中，建立起健康的和人相处的模式。所以，在你的教育方法和老人不一致时，你不当面和老人冲突是对的。这不光避免和老人造成矛盾和不愉快，也避免你在孩子面前示范一种不良的处理人际关系的模式。更重要的是，如果让孩子感觉到了因为她，你和老人发生争吵，会让她幼小的心理产生矛盾，造成困惑。因为，在一个小孩子的心中，她不明白是非对错。父母之间，包括和老人之间，如果因为她而发生争执，对她不良行为的矫正反而会增加更大的难度。

有些事情就是这样，有利也有弊。和老人同住，使孩子获得身边更多的人际关系的感受，但不同教育观也会引发成人之间的矛盾，这时孩子父母的处理方式和态度很重要。如果你们确实只能和老人住在一起，建议你耐心地和老人谈谈，也可以和老人一起参加一些关于教育孩子的课，不求改变老人的观念，只求他能理解你的管教方式。至于你不在时他还是由着小孙女，你也不要过于焦虑，只要你做妈妈的自己能坚持你的原则，对问题的解决也是有益的。

● 允许孩子情绪能量的发泄

孩子发脾气、抗争、犟嘴的表面之下，掩盖着一个活力被压抑的儿童。孩子在活动中受到的阻碍越少，他哭的时候也会越少；抚养者如果对孩子的哭不耐烦，恐吓或者惯着他，他就会胆怯或者倔强，也就很难保持一个健康自然的状态。爱哭和爱笑的孩子一般都是情绪很饱满的孩子，情绪饱满的人，生命的能量也就充沛。你的一岁半的女儿能蹦着高哭闹，说明这个小人儿身上有很充足的一种能量，千万不要压抑、训斥、打骂。她发泄的时候，只要在一个安全的范围内，就让她彻底发泄。你可以微笑地看着她，说"你在这里哭吧，哭够了我再来"，你去做自己的事情。先让她用这种她最熟悉的方式把情绪发泄完。在孩子哭闹的时候，你别生气，也别对她瞪眼睛，更不要当着别人的面说"你看这个孩子，真是没办法，都是让她爷爷惯的"。

对孩子的啼哭要能够忍耐，不要一哭就哄，就满足他。如果孩子本身没受到束缚，也没病没痛的，却动不动哭个不停，这样的哭一般是因为习惯或者执拗的脾气。那么纠正和防止这个习惯的方法，就是耐住心烦，任他怎么哭也不理他，或者在不让他察觉到的情况下用一个好看或者吸引人的东西去分他的心。注意，大人不理他的态度要比他哭的倔强更坚定，这样他以哭为"要挟"的目的达不到，也就慢慢不来这套了。

先处理完情绪，再处理问题。等到孩子平静下来，如果要进行教育，也不要讲是非对错的大道理空道理，对不到 3 岁的孩子讲道理有点困难，因为他还没有形成对外部事物的理性认知，而更多的是循着自身内在的感觉去做事，属无意识状态。不要说"宝宝刚才哭闹，这是坏行为"，这样会强化他的不良记忆。相反，这时父母只说明什么行为是好行为，宝宝要做这样的好孩子，正面引导，会有好的效果。孩子就像一张白纸，抚养者尽可能地在这张白纸上涂抹美好，孩子的思维就往正向和美好发展。可以说："你跟妈妈说刚才为什么要撒肉松？说给妈妈听听？"引导孩子愿意用语言表达自己的想法。

对于情绪能量充足的孩子，可以多带她进行一些户外活动，等到 3 岁以后，可以多让她参加一些活动，如唱歌、跳舞等群体活动，把她高昂的能量引向正面的宣泄。试试看，这样她的脾气会不会平和一些。

｜小贴士｜　孩子任性哭闹背后有原因

孩子刚出生的时候，好像一切都很简单，只要吃饱、睡好就不哭不闹了。慢慢地，他的需求越来越多，既要吃饱睡足，还要爸爸妈妈经常抱抱他，亲亲他，关注他，倾听他……那时他的哭声很有效，一哭就把妈妈召唤来了。但随着他的长大，爸爸妈妈对他的态度也就不这么耐心和柔情了。可是，随着孩子的"肉体胚胎"同时成长的"精神胚胎"，却需要爸爸妈妈的爱和尊重。只有这样，他这个小人儿才能越来越独立、越来越有自信和快乐。如果爸爸妈妈不懂他的这种需求，他要用的最好用的"武器"就是他在生命之初无意识用的最有效的办法——哭。

第 2 章

成长的烦恼

每个生命都是在摔倒中爬起来长大的，不摔跤不跌倒的孩子，长大了连爬起来的本领都没有。

⋯⋯

"秩序敏感期"来了

> 发脾气表示儿童一种内在需要没有得到满足和一种心理紧张的状态。

女儿 2 岁多了，平时很乖，非常讨人喜欢，就是经常喜怒无常。常常 1 分钟前还是欢声笑语，1 分钟后莫名其妙地就哭闹起来了，弄得全家人一头雾水，事后才知道都是一些我们认为"不至于"的理由，比如玩具倒了，床单不平了。有时候我给她把身上的脏衣服脱下来换上干净的，她也非得哭着直到我屈服给她再穿上那件脏的……以前挺乖的一个孩子，怎么成了这个样子？我有点不知所措。是孩子过于敏感吗？还是这个阶段的孩子都会这样？

● 秩序敏感期的秘密

孩子的这些反常现象，可能是她的"秩序敏感期"来了。孩子对秩序的感觉不同于成人对秩序的感觉，在孩子的某一个年龄阶段，它是一种极其重要的心理需求。

荷兰植物学家、遗传学家德弗里斯（1848—1935）在一些动物的生活中发现了敏感性，而意大利历史上第一位女医学博士、20 世纪最伟大的教育家玛利亚·蒙台梭利在对儿童的观察中，也发现了幼儿敏感期的存在，并把它运用到了儿童的教育中。孩子在成长的某个阶段，只对环境中的某一项事物专心而拒绝接受其他事物，这些阶段就叫做敏感期。在敏感期内，儿童会毫无理由地"对某种行为产生强烈的兴趣而不厌其烦地重复，一直到最后因为这种重复突然爆发某种机能为止"。这个时期的孩子急切需要一个精确规定的环境，只有在这样的环境中，他们才能将自己的知觉归类，然后才能形成实在的概念，以了解环境并知道如何对待环境。如果这个时候他对秩序的热爱遭到阻碍或者秩序有改变，他就会因此不适应，发脾气就是这种不适应情绪的发泄。

蒙台梭利在她的书《有吸收力的心灵》中曾经举过一个有关儿童秩序感的例子。有个一岁半的孩子想跟着三岁的孩子学跳舞，结果老师准备教她的时候，她却突然很生气，不跳了。而且她一直在很生气地重复着两个词"大厅""柱子"。蒙台梭利发现，她生气的原因是因为舞蹈老师把帽子放在了沙发上，而她认为帽子应该挂在柱子上。当时她已经忘记了跳舞的需求，而只是要求改变帽子的不合规矩、无秩序的状态。等到舞蹈老师把帽子挂到柱子上，孩子就平静了下来并准备跳舞。由此可见，孩子在秩序敏感期对秩序的基本要求比对其他方面的要求更加强烈。

● 孩子是最热爱秩序的人

一个平时很乖的女孩会因为玩具倒了或者床单不平而哭，可能还是那个敏感期的问题。每个孩子在这个特殊期的表现是不一样的，但我们可以肯定的是，儿童是通过物体的外部秩序来认识他周围的环境的，并以此来理解他自身和环境的关系。蒙台梭利在她的《童年的秘密》一书中写道："最幼小的儿童的一个特点就是对秩序的热爱。一岁半或两岁的儿童能清楚地指明一些东西，他们甚至很早就具有了这种能力，但并没有引起人们的注意。他们需要自己周围的环境有秩序。""婴儿不能生活在杂乱无序的环境中。杂乱无序干扰了他，并使他心烦意乱。他会通过绝望的叫喊来表达自己的痛苦，甚至会采取生病的方式表达自己的焦虑。"我接触过很多有问题孩子的父母，发现这些孩子的成长环境在这个时期确实存在着这样的问题。

这个时期是孩子成长重要而神秘的一个时期。我们成年人都会认为孩子才是杂乱无章无秩序的，他怎么可能是最热爱秩序的呢？事实是，孩子所处的环境并不是他自己的环境，而是一个由成人控制的环境。所以，这种外在的环境秩序如果和他的内在秩序需求发生冲突时，不能用语言表达的孩子就会出现在我们大人看来是毫无理由的哭闹。因为他自身的内在的那股神秘力量，在成人的世界里遇到了障碍，敏感性就以发脾气的方式体现出来。

这是一个多么有意思的世界。其实，如果我们养育者以一颗探究之心，去发现孩子的这种敏感性时，养育孩子也就多了很多乐趣，而不是束手无策的烦恼。

蒙台梭利还举过一个英国保姆讲的例子。这位保姆由于工作要短时间离开服务的家庭，她特意找了一个很能干的替代者。可是在给孩子洗澡时，替代者却无论如何也无法让孩子安静不哭，孩子讨厌并远离替代者。当以前的保姆回来时，孩子就恢复了平静。这个保姆发现，原来是替代者和自己给孩子洗澡的方式不同出了问题：替代者是用左手靠近孩子的头，右手靠近孩子的脚，而她正好与之相反。由此可见，孩子在秩序敏感期内具有多么强的洞察力！

这是自然赋予孩子对秩序的内在敏感性，是通过一种内部的感觉而形成的。没有对孩子细致的观察和理解，或者说如果不懂得孩子这个时期的特殊秩序敏感，就很难明白孩子的心理活动，也就很难用有效的方法解决孩子的情绪问题。

试试看，你能不能走进两岁的小乖女的心灵？我想，了解了这一点，孩子情绪的变化无常就不会令你莫名其妙了。

● 认同孩子的情绪

孩童的心灵就是一个深奥的谜，令我们困惑不解。但是我们必须相信，在儿童的笑声、哭声和诸多情绪活动的背后，一定隐藏着可以理解的原因，值得我们成人从教育者变为学习者，去认真领会孩童情绪的表达，使自己能够理解和追随孩子的成长愿望，恰当地付出爱。

这是我们父母需要学习的第一课——懂得并理解孩子。

在孩子哭闹的时候，我们会心烦，但千万别说"真是的，就这点事情，你值得那么哭吗，好孩子怎么能这样呢"之类的话，也不要试图尽力哄她，给她好吃的。因为不是止住了孩子的哭声，麻烦就过去了。只有一个办法对她的心理成长有积极作用，那就是认同她的情绪。

孩子的哭声直接带给我们成人两种感受：一是心疼；二是心烦。于是，很多父母对付孩子哭的方法不是安慰就是呵斥，要么就是不理不睬。这些都不是处理孩子哭的积极方法。在孩子哭的时候，不要急于止住孩子的哭声，那样会让他的坏情绪积存下来，孩子虽然不哭了，但是你会发现他的情绪并没有恢复过来，会打不起精神，因为他的坏情绪没有及时得到清理。不理不睬的方法可以用在他以哭作"要挟"的时候，如果他受到委屈，不理不睬会让他感觉被忽视，从而失去安全感。

在孩子开始哭时，也许我们换一种做法可以做到直接调整孩子情绪的作用。只要我们留在孩子身边倾听他，不打断他的哭泣，他的烦恼会随着哭泣逐渐消散，哭泣也会随之停止。我们经常看到，小事情能够引发孩子大的情绪波动。孩子会突然之间大哭不止，直到不快情绪消失。这种康复过程，会很自然地发生在孩子的身上。

当孩子哭的时候，温存地来到孩子身边，不要不安、着急、恼怒，你的情绪会直接妨碍他理解所发生的事情。

实践表明，孩子在得到父母的认同后，会很快进入下一个情绪，或平静或开心。这也表明孩子的情绪是处在不断流动的状态的。跟孩子说："我知道你很伤心，妈妈在这里陪陪你。""你感觉不舒服，对吧？来，让妈妈抱抱你。"留在孩子身边倾听，不打断他的哭泣，他的烦恼会随着哭泣逐渐消散，哭泣也会随之停止，原因是哭泣能愈合创伤。

敏感性发展的过程，也正是孩子的一种创造性状态，很容易被成人的世界暗示。此时，也正是抚养者的人格悄悄潜入孩子世界的时候，所以，能够解读孩子心灵的秘密，是每一个父母应该积极准备的"功课"。否则，我们做父母的即便是怀着深深的爱，也无法满足孩子的心灵所真正需要的东西。

说实话，每个孩子的敏感度不一样，每个父母给孩子提供的成长环境和爱的方式也不一样，很难有一个准则，像广谱药一样去解决这些问题。但是，我们了解了孩子不会表达的情绪背后的原因，就能不焦虑、不急躁地处理他的情绪了。

对这么小的孩子不要讲道理，处理好情绪才是第一步。比如孩子非得穿她的脏衣服，你就以同情心认同她的坚持，可以说"我知道你喜欢你的脏衣服，尽管我认为它需要洗洗了，但如果你确实喜欢，我尊重你的愿望"。不以成人的意志去左右孩子的行为，只在关键时刻给予关键的引导，这一直是我的教育理念。在尊重中长大的孩子学会尊重，在批评中长大的孩子学会批评。这也是父母作为"示范者"的责任。

| 小贴士 | **"敏感期"是孩子成长的"关键期"**

儿童的敏感期有几个阶段：从 1 岁到 4 岁左右，是秩序的敏感期；从出生到 5 岁是感觉的敏感期；从出生到 6 岁，是动作的敏感期；出生后两个月到 8 岁，是语言的敏感期。她认为，敏感期出现在一定的外部环境中，当环境和孩子的内心需要一致时，孩子就会在一种稳定的节奏中，逐步形成自己的个性特征。这种稳定的节奏有赖于儿童本身内在的本能。如果一些东西阻碍了儿童的这种内在本能的作用时，孩子就会在敏感期通过一些激烈的反应表现出来，比如被认为是"任性"和"发脾气"。实际上，发脾气表示儿童内在需要没有得到满足和一种心理紧张的状态。

这里的"需要没有得到满足"，主要是指环境对孩子心理成长的满足，区别于日后孩子在成长中的一些实体化物质没有被满足后引起的发脾气。这两者是有本质区别的。

●●●●
妈妈离不开孩子的心理

> 总有一天，不是孩子目送妈妈去上班，而是妈妈目送我们的孩子去忙碌。那时候，不知道妈妈和孩子，是否还会记起生命之初的种种或短或长的离别？

女儿 10 个月大，特别黏我。一到早上 8 点我要上班的时候，孩子跟心灵感应似的，就开始哭，我哄哄她就好了，等我要把她给阿姨时，她又哭了。我在走的时候故意不让她看见我，可阿姨说孩子看不见我了就哭。现在我一到上班点心里就发紧，人在单位，心里也跟猫抓一样。该怎么办呢？

● 在自我和环境中寻找解决问题的方法

你的述说让我的心也跟着发紧了，我感觉到了一个年轻妈妈的焦虑。我不知道你的工作性质，但我知道现代职场竞争的压力对于新妈妈们确实是一种挑战，孩子加工作，这个时候人的心情容易着急和烦躁，要适度调整。

首先妈妈要调整好自己产后上班和育儿之间的矛盾、焦虑心情。一是自己做好双肩担起重任的准备，让自己成为有力量的妈妈；二是寻求能给自己帮助的支持系统。这样才有能力给孩子足够的爱和安全感。一岁之前的孩子怎么爱都不过分，不要怕惯坏了。平日里只要可能的时间，就尽量更多地陪伴孩子，多用亲吻和拥抱奖励孩子。只要他的独立性还在发展，他对妈妈的爱就永不满足。**小时候给孩子的爱越多，孩子就越能和父母剥离早独立。小时候得不到足够爱的孩子，长大了不但不会爱人，还会成为**

"索爱"的人。

　　要把孩子留给一个会照料孩子而且爱孩子的人。这样，孩子和妈妈分离的时候，他不会有不安全感。不管是阿姨还是自家的老人照看孩子，都要告诉他们孩子在妈妈带他的时候的起居习惯、玩耍规律及爱好。因为这个时候的孩子处于秩序敏感期，他已经形成自己内在的秩序，一旦被改变，他就会感觉不舒服不安全，因此而恐惧。在孩子和阿姨玩的时候，妈妈也可以试着离开一会儿，逐渐让孩子适应和她单独相处。

　　可以养成孩子在妈妈上班离开的时间和阿姨、他人玩一会儿的习惯。这样他的注意力就不在妈妈身上，这时离开，对妈妈和孩子都好，但是不要不辞而别。很多妈妈怕孩子哭，就悄悄溜走，这会让孩子很不安。告诉孩子妈妈要到哪里去，什么时间回来，即使他没有时间概念，他还是会感觉得到。妈妈走后，也可以让阿姨继续说这些安慰孩子，使孩子感到放心。

　　妈妈离开孩子的时候告别要简短，不要犹豫，不要把担心、不安、内疚在孩子面前表现出来，让孩子觉得妈妈的离开是一件可商量的事情，或者觉得他哭得厉害，妈妈就会留下来。还有的妈妈跟孩子说再见时，孩子正玩得高兴，对妈妈的离开无所谓，妈妈还非得完成跟孩子的"告别仪式"，抱抱再亲亲，十分满足自己离不开孩子的心理，反而弄得孩子也"共情"了。妈妈不粘连，孩子和妈妈剥离得就快。简短地跟孩子说"再见"，可以抱一下亲一下，但别拖泥带水，迅速高兴、坦然地离开，孩子也会很痛快的。

　　很多孩子大了的妈妈都说，想想孩子小时候虽然有初为人母的辛苦，但也是自己最有劲儿、最幸福的时候。那就把这样的辛苦当作可以把握的幸福吧，**总有一天，不是孩子目送妈妈去上班，而是妈妈目送我们的孩子去忙碌。那时候，不知道妈妈和孩子，是否还会记起生命之初的种种或短或长的离别？** 过去的，都是难忘的幸福。

● ● ●

孩子的"依恋游戏"

> 不管你想怎样刻意锻炼孩子的自理能力，在她呼唤你时，你一定得让孩子听到你的回应，感受到你对她的事情的关注。这个过程就是陪伴，也许陪伴的意义比刻意让她独立的意义更重要。

女儿两岁多了，可什么事情都还是需要妈妈帮忙来解决，每每有处理不了的问题总是第一时间喊"妈妈"，有时候是她自己完全能够处理的问题，都要妈妈来帮忙解决。这个时候该培养孩子独立解决问题的能力吗？应该如何培养呢？

● 语言呼唤是孩子的"依恋游戏"

你的问题让我仿佛看见了一个幸福的小女孩，不时地、有意无意地向妈妈撒着娇……而妈妈又是那么尽职尽责地守护在她的身边，虽有纠结，但却充满理性。

多么惬意、美好的一幅生活画啊！"妈妈，过来呀，我的汽车轮子掉啦""妈妈，快来呀，帮我给娃娃梳头啊"……多么熟悉的声音，我想，凡是儿女已经成人远行的妈妈们，对这一幕都会充满深深的眷恋和温馨的回忆。

这是一个孩子的幸福，也是一个妈妈的幸福。但是，这一切，迟早都会在孩子成长的过程中远去……

两岁，是生命成长第一阶段的一个重要时期，此时，孩子的语言能力及行走能力已经具备。这个时候，你的孩子"什么事情都还是需要妈妈帮忙来解决，每每有处理不了的问题总是第一时间喊'妈妈'，有时候是她自己完全能够处理的问题，都要妈妈来帮忙解决"，并不一定就意味着她的独立能力差，有时可能还是她的一种"游戏"呢！她还没走出和妈妈的依恋期，2～5岁的孩子都会无意识地想让妈妈属于自己。她终于不用躺在襁褓里用哭声表达自己的愿望了，她发现语言可以呼唤到让她最有安全感和信任感的人，这种能力让她自己惊喜，并乐此不疲地一再使用。如果你发现她在这个过程没有恐惧和不安，而是很随意很愉悦，甚至让大人感觉她是很无意地就这样做了，我觉得你不必想那么多，就当是她自己的一种行为方式。你用平常心对待，该怎样就怎样，她的成长也就会该怎样就怎样，一般不会出现性格异常。

● 让孩子听到回应

当然，即使是孩子的"依恋游戏"，即使你想刻意锻炼孩子的自理能力，我认为，在她呼唤妈妈时，妈妈一定得让孩子听到回应，感受到妈妈对她的事情的关注。这个过程就是陪伴，也许陪伴的意义比刻意让她独立的意义更重要。不要觉得孩子的事情无意义，对于成长中的那个小生命来说，一切皆有意义。只有你的"随叫随到"，你才能观察到孩子的呼唤中，哪件事情是她自己能做的，哪件是需要你去帮助指导的。不能为了"培养"孩子独立解决问题的能力，就对她说"你自己解决"。她反而会哭着说自己做不了，就放弃了自己的努力，实际上她可能只是需要妈妈参与这个过程。妈妈在身边，不用动手帮助，她就觉得妈妈已经参与了她的"工作"。幼小的孩子意识不到这个问题由谁来解决，她的潜意识中自己和妈妈是一体的。让孩子独自做事的过程，就是从妈妈这里把孩子独立出去的过程，是生命正常的代际心理剥离。

一个人从父母身边逐步独立的过程中，固然有父母从小不代替孩子做很多事情、不过分溺爱，主动培养起独立意识等因素，但我认为，其实能够让一个人独立的最大力量，就是给他安全感和爱。所有的孩子在长大成人的过程中，都要经历相同的阶段，都会具有相似的心理需求，只是表现形式不同而已。两岁的小女孩动辄求助于妈妈，是因为妈妈是她最信任的人，最能给她安全感的人，如果在她需要的时候妈妈能及时回应，随时辅助，就会保证她的安全感不会缺失。

所以，不要说"小孩子懂什么"；不要觉得"小孩子的事情有什么重要"，更不要说"去，去，去，没看见妈妈正忙吗"。孩子的内在有一个我们无法洞见的"精神胚胎"，需要我们爱的呵护。小孩子再小也是人，如果你的时间允许，就尽情地陪伴孩子"玩"这个幸福的游戏吧！

● 和孩子建立健康的依恋关系

在0～3岁这个阶段，我们成年人是无法直接了解儿童的心理的。这也就意味着，我们无法直接对孩子施加影响。一切似乎都是在润物无声中完成的。我们所能做的只能是创设环境和条件，帮助这个幼小的生命成长。

这是人对这个世界适应过程的第一阶段，是人心理历程发展的开始。3岁以前父母的照料方式以及亲子互动关系，对于孩子拥有一个健康的心理、独立稳定的人格很重要。有很多成年人的心理疾病根源，在于从小与父母的关系模式是病态的。特别是在婚恋或亲子这种亲密关系中，很多心理不健康的人几乎都在重复着原始的、与父母之间的病态的关系模式。所以在这个时候，一定要和孩子建立一种健康的依恋关系，这对他一生的幸福安宁至关重要。

　　给孩子足够的安全感是建立健康的亲子关系的前提。一个安全感十足的孩子，在他长大成人之后，一定会有一种独立的能力和力量，让自己健康地从父母身边剥离，去走自己的人生之路，去为自己的生命和未来负责，也能够成为一个在奉献社会中让自己自食其力的健康的人。

　　这，正是我们家庭教育的最终目的。

是谁剥夺了孩子自我成长的权利

> 父母是提供者、示范者，也是教育者。这三种角色的重任，并不意味着我们是孩子生活、成长的主宰者，而是他成长的配角。再有能力的父母，也无力关照孩子一辈子啊！我们能做到的，就是让孩子在一个有意思的、安全的环境中生活，让孩子自由地发挥他们自己的能量，不必为孩子提供不必要的帮助。

　　儿子两岁多，上下楼梯时我总想保护他、扶着他，儿子就是不让，要自己上下。我很怕他摔伤，怎么办？他马上就要上幼儿园了，这段时间我特别担心，害怕他入园后被别的小朋友欺负，担心入园后孩子的安全问题，万一磕了碰了怎么办？万一手被门挤了怎么办？孩子能自己处理好这些事情吗？

● 放手让孩子去走自己的路

　　每个妈妈都会为自己的孩子担着无数的心，智慧的妈妈接受自己的这份担心和焦虑，但放手让孩子去走自己的路，而不是时时保护在旁。

　　两岁多的孩子已经达到他自己能够独立行动的阶段，学会了走路，能够触摸到一些东西，甚至还能独自尝试着爬爬楼梯这条他感觉很奇怪的"路"，他正在为自己的活动自由而欣喜呢，这时你要去扶他、保护他，他一定是不愿意的。父母的关爱和儿童的自由探索世界的心理，在这个时候就发生了冲突。他正在努力从周围的环境中寻觅一些积极而新鲜的体验。如果父母坚持"你不行，这样危险，快下来"，孩子就会发脾气。楼梯对他充满了吸引力，他可以手足并用地爬，也可以坐在台阶上双手撑地，而两足自由摆动，这种可以自由发挥他潜能的环境，能够健康地促进他的心理的发展。不管他歪歪斜斜，还是看上去站立不稳，他都是为了完善他自己特殊的功能、发展他自己而做的努力。成人此时只能后退一步，在一个被他允许的范围内随时准备着提供他需要的帮助。请注意，是他"需要的帮助"。如果不是他需要的，妈妈的保护和帮助此时就和他自由支配自己身体的愿望发生冲突，也就是成人的爱，反而成了他自主成长的障碍。

至于你对孩子去幼儿园后的担心和焦虑，我觉得大可不必。去幼儿园是孩子开始社会化过程的第一步，他已经具备了在一个安全的环境中能独自照顾自己的基本能力，如果不能，他也是在其中学习这种能力。幼儿园配备专门的老师，有适合幼儿活动的较为安全的场所，而且那儿也是继续锻炼他自理能力的地方。你需要做的是做好孩子入园的心理准备，带着他示范一下如何才能不被门夹到，如何避开危险之地，但不是把你的焦虑和担心投射到孩子那里，让他产生恐惧感，这会影响他对一个新环境的探索和接纳，不利于孩子的心理健康。

● 过度保护会限制孩子的自我能力

现代育儿焦虑已经成为很多妈妈的问题所在。小时候对孩子无微不至的呵护是对的，但是保护到什么程度，什么事情应该保护，什么事情不应该保护，这个问题值得我们思考。

在过度保护下长大的孩子，他会在潜意识中限制自我能力的发展。心理学界发现，一些小时候经常得病的孩子，因为被父母高度保护，从幼儿园到小学到中学，长到十五六岁的时候，即使他的身体已经是一个健康的孩子，但他也不能像正常的孩子那样使用他自己的能力去做事情。比如，在学校里，他不能跟周围的同学有智慧性地情感交流，不敢在体育课上跳高跳远……他已经认同了父母从小对他的保护：你身体弱，你不能像正常孩子那样。这时，父母如果不鼓励孩子勇敢去尝试、承受，而是更加保护，孩子因为长期处于高度保护下失去的能力，就错过了补偿的机会。

比如，在孩子和同学发生争执时，父母去和他的同学谈，甚至和同学的父母谈；体育课不及格，孩子自尊心受挫，父母又去找老师谈……通过这样的保护，孩子在有父母帮助的时候能够很好地学习、生活，但到了高中毕业，甚至在高二的时候，麻烦就可能会出现。在社会化的过程中，一个孩子到了青春期，就基本上处在社会化之中了，而那些被过度保护的孩子处在夹缝中，基本上最后就成为长不大的孩子了。

如果父母过度担心、保护孩子，不但会抑制孩子自我能力的发展，还会在一定程度上造成孩子的不自信。有一个小男孩在滑滑梯时奶奶、妈妈总是在旁边扶着，生怕他摔着，后来她们意识到孩子比别的孩子不自信，还胆小，就放手让孩子自己滑。一开始，孩子不敢自己上去，一边爬一边回头看，他在渴望后面那双让他有安全感的温暖的手，可是这双手不可能在他身后扶一辈子啊！慢慢地，孩子的胆怯和不自信在大人的放手中克服了。

一旦孩子开始做某件事情的时候，我们不要因为我们的程序或者节奏去打断他们。如果孩子能够自主决定自己的事情，在做事情中完善自己的心理，他的成长就是健康的。

● 给孩子自己努力的机会

孩子天生有自己做事的力量，很多时候只是父母的爱包围着，让他没有机会施展。你问："孩子自己能处理好这些问题吗？"我说："一定能！"前提是你得现在给他自己长大的机会。否则，他可能就真的永远处理不好自己的问题了。

在《和儿子一起成长1》一书中，我举了一个例子：一个男孩子从小就是处在父母养尊处优的保护中，幼儿园以前有父母、阿姨、爷爷、奶奶的"贴身保护"，选了最好的幼儿园、最好的小学、重点的高中、名牌的大学、不错的工作岗位，只是这个过程都不是孩子通过自己的努力得来的，而是靠父母的能力。可是孩子进了单位后快到 40 岁了也没有取得好的工作业绩。孩子的父亲也到了退休的年龄，实在帮不上孩子了，就埋怨说："这个孩子真是不争气啊，从小到大给他多少帮助啊，离开我就成不了事了。"看着那位沮丧的父亲，我想："这怨谁呢？是谁剥夺了孩子自我成长的权利啊？"

每个生命都是在摔倒中爬起来长大的，不摔跤不跌倒的孩子，长大了连爬起来的本领都没有。不管是狐狸，还是雄狮，动物界对幼小动物的"**推开之爱**"，值得父母学习。放手，才会让孩子走得更远、更稳健！

● ● ●

"破坏"中隐藏着成长的秘密

> 儿童在接受内在需求的指导，走出幻想，把玩具或者什么东西，当成了渴望了解和真正认识外界现实的工具。这样的"破坏"，对他是一种心理激励。

儿子 3 岁，喜欢撕纸，摔玩具，拆东西，我们给他买的玩具都让他破坏得差不多了，而且还经常把大人的东西弄坏，对他批评教育都没有用，请问该怎么办？

●"破坏"中隐藏着成长的秘密

你的问题让我想起我的儿子小时候的情景。那些被他拆装过的钟表、录音机、收音机，还有被"剖腹"的玩具机器人，被摔坏的玩具小汽车……一幕幕，在那些只有儿童才会有的"破坏"行为中，隐藏着多少孩子成长需要的秘密。

蒙台梭利认为，儿童在玩玩具的时候，他的想象力给了玩具各种象征性的意义，但没有为儿童提供与外界现实相联系的富有实际意义的活动。玩具虽然能激起儿童的活动，但这种热情很快就被熄灭，这种玩具很快也就被扔掉了。因为玩具给儿童提供的环境，除了产生想象和幻觉，并不能使儿童在精神上全神贯注。所以，那些具有很强的好奇心和探究精神的孩子，会把手中的玩具当作"工作"的工具，拆卸或者摔砸。我们大人认为给孩子提供的玩具，是让他增长、展现智力的，并相信游戏和玩具就能够构成儿童的幸福世界，但实际上这远远不够。儿童有很强的心理能力，但这种能力必须在运动中得到实体化，才能真正使那个正在展现的人格统一，而不至于只是陷入幻想之中。而他对玩具或者他能够接触到的东西的"破坏"，正是他在接受内在需求的指导，走出幻想，把玩具或者什么东西当成了渴望了解和真正认识外界现实的工具。此时，对知识的探求，已经替代了把玩玩具时无目的的好奇和幻想。**这样的"破坏"，对他是一种心理激励。**

想象一下，如果一个小孩子总是抱着一个玩具，或者拿着一个什么东西把玩，在幻觉中拟人化地和它说着自己幻想的语言，那是什么情景呢？心理分析家把这种行为称为"心灵的神游"。和那些颇具"破坏"性的孩子相比，后者对知识的探求能力和动手能力会在实体化的运动中，获得更好的发展，而那些"神游"的孩子也许会因为过大的想象力和创造力，不能致力于实际事务，获得生活的技能。在这里，我们不妨把孩子对玩具等的"破坏"看作是他在"工作"，只不过在一个以大人生活为主导的环境里，他想进行他的"工作"，可不就是对成人世界的"破坏"吗？

● 引导、限定孩子的"破坏"行为

记得我刚做妈妈时，在一本教育孩子的书上，曾经看到这样一个故事：美国的汤姆先生有一个儿子，从小以弄坏玩具而出名。有一次汤姆先生带5岁的儿子去参加一个宴会，儿子得到的礼物是一辆玩具汽车。整个晚上那孩子都把汽车捧在手上玩，他的父母亲感到很惊奇，因为到宴会结束，儿子手里的玩具汽车竟然是完整的，这可真是破天荒的事！汤姆夫妇要回家，临走让孩子向宴会的主人告别，只见那小家伙还在埋头摆弄那辆小汽车，并不知所措地问："叔叔，怎么才能把它拆开啊？"汤姆先生恍然大悟，很得意地对他的朋友说："乔治，告诉我儿子，让他拆开那辆汽车。"

当时我很佩服那位汤姆先生，他让孩子在"破坏"中明白一些道理，是一种切实有效的好方法。当年，我在对儿子的教育中，学习汤姆先生的技巧，甚至有意识地引导他搞一些"破坏"，比如，我会把将要废弃的钟表、收音机给孩子，让他拆开看看表为什么会转，收音机为什么会出声。我的儿子小时候"破坏性"非常强，有一段时期，儿子"破坏"的对象就是书，当时他爸爸最宝贝的就是他的书，儿子破坏他保护，我们从来没有呵斥教训他，因为我们觉得那是幼小的孩子对书感兴趣。他最喜欢小汽车，可他也最喜欢砸玩具汽车，我们有意识地让他在对玩具的破坏性拆卸中，锻炼他的动手能力，满足他的好奇心，鼓励他的探索精神。很多大人嫌孩子房间搞乱了、东西砸坏了，我觉得一件脏衣服、一个摔坏的玩具，和影响孩子一生的探究学习精神、和孩子的动手能力相比算什么？现在我儿子喜欢鼓捣修理东西，修电视、电脑、冰箱……他在大学学生物科学，做实验、弄仪器，他觉得得心应手，应该也得益于幼时我们对他"破坏"行为的"纵容"。不过我是在一定范围内的"纵容"，比如给他限定"破坏"的一小块区域、对象，这样既满足孩子，又避免家里乱得一团糟，也不至于使一些贵重物品成为孩子手下的"牺牲品"。

如果家里居住条件允许，给孩子弄一个专属于他的环境，在那个环境里他可以完全按照他自己的意愿行事，撕纸片、拆玩具、捏泥巴、堆沙丘……让他充分地"工作"，释放大人认为的"顽皮"和"破坏欲"。这是父母在尽"提供者"的角色义务。

如果我当年能有今天的居住条件和物质条件，我会给儿子弄出一个更大的、可以充分让他极尽"破坏"之能事的空间，提供给他更多的可以让他探究的物件、玩具，让他实现"工作"的意愿，让他的探究精神得到充分发挥。

这就是妈妈的爱，当孩子长大，永远觉得给予的还不够多、不够好。孩子的成长是不可逆转的，过去的，就没有补偿的机会了。在能够给予的时候，就让我们以理解的心尽量适时给予吧。

说谎在不同年龄意味着不同的问题

当孩子能够区分现实和想象时，他就明白了什么叫谎言。孩子只有到了 12 岁左右，他才开始从新的角度理解诚实的问题。

孩子三岁半，经常睁着眼睛说瞎话。比如，明明手上吃糖吃得黏糊糊，我和颜悦色地问她："是不是你又吃糖了？"她却抿着小嘴跟我说："妈妈，不是我吃的，是小菲吃的（小菲是我们邻居的孩子）。"下班回家，我发现家里的花瓶碎了，问阿姨怎么回事，阿姨说是孩子玩时碰下来了，可她却哭着打阿姨，说："不是我，是阿姨打的。"对她的这种行为，我不知道怎么教育才好。

教小孩子分清真实和想象

每次听朋友说起小孩子撒谎，我总是忍不住想起一部外国电影中的镜头：复活节的早上，妈妈发现用巧克力做的复活节玩偶的脑袋不见了，只见 3 岁的儿子嘴上沾满巧克力，两手藏在身后，边吞咽边看着妈妈说：巧克力不是我吃的。

孩子几乎是刚会说话就开始撒谎。他摔碎了碗，会说："妈妈，我没打坏碗。"**大人觉得他在撒谎，而实际上幼小的他是在说他心中的"愿望"。**他想：我多么希望我没打坏碗啊！发展心理学家皮亚杰博士发现，4 岁以下的孩子都把爸爸妈妈是否高兴，当作衡量自己对错的标准。他们认为，妈妈高兴就对，不高兴就不对。父母首先要对孩子做的事情，根据他的年龄做出客观的评价。他把花瓶打碎了，把糖吃了，他觉得妈妈不高兴了，他不知道什么叫后悔，他想象着自己没吃，然后就说没吃。这个谎言是因为他分不清现实和想象之间的关系而出现的，不是孩子品质的问题。

对于 4 岁以下的孩子，发现他撒谎，不要对他用道德教育或者惩罚。要帮助他认识到什么是"假装"。可以通过做游戏，在游戏中告诉孩子哪些是真哪些是假。比如，妈妈假装一个妖怪，孩子吓得要命，然后告诉他那是假的；利用电视节目上的动画片，或者给孩子讲故事时，帮助孩子区分真实和想象；父母还要做好示范，孩子喜欢模仿所爱的人。父母要是去公园不买门票，谎报身高，孩子就看在眼里了，就是不良示范；孩子小，分不清成人哪些是故意的谎言，哪些是社交的礼仪，父母要尽量在小孩子面前避开这些给他错觉的行为。此外，不要用了解事实真相的方式提示孩子说谎了。"宝宝，今天是不是你把妈妈的化妆盒给弄坏了？"孩子很自然就会天真地回答："不是。"于是他就成了既打坏了化妆盒还撒了谎的孩子。妈妈如果直接说："宝贝，你把妈妈的化妆盒弄坏了。以后不能动啊，坏了还要花钱买。"孩子可能会不安，但不至于顺着妈妈的话撒谎。很多时候，父母的习惯会培养孩子的习惯，好习惯和坏习惯都是在不断的重复中形成的，21次就会成就。所以，做父母的要十分注意，才不会因为自己的无意行为，给孩子心灵的健康成长带来负面效应。

当孩子渐渐长大，他会用说谎来逃避一些麻烦，或保护自己的隐私。所以，说谎在不同的年龄意味着不同的问题。

● 父母对孩子的期待、惩罚要适度

不要对孩子提不切实际的要求。有一个妈妈曾经问我，为什么她的孩子会对她撒谎。明明考了 76 分，却说考了 96 分。我问那个妈妈："你有没

有规定他考多少?"那个妈妈说:"他数学不好,我就规定他考试不能少于95分。"那可不,孩子达不到妈妈的要求,又怕被批评,就撒谎了。

当然对年龄大一些孩子的说谎行为要纠正,但不要把孩子的撒谎行为视为对父母的背叛而勃然大怒,有时候他只是要保护自己。我们做父母的责任,是要让孩子学习比撒谎更好的保护自己的办法。有句话说,"一个谎言要用一百个谎言去掩盖",用事实告诉孩子讲真话不会有不良后果,但即使谎言让他暂时避免了一些麻烦,却会有更大的麻烦在后头。在适当的时候,应该让孩子自己承担撒谎带来的后果,这对孩子不再随便撒谎很有帮助。

父母对孩子犯的错误要有所惩罚,但不要严厉到让孩子甘愿冒撒谎的风险,那就可能养成他撒谎的习惯。父母需要知道孩子为什么会隐瞒真相,他撒谎的原因是不是怕大人生气、不爱他?如果是因为大人对他做错事情的态度而撒谎,那我们做父母的就有必要反省:身为父母,是否无法接受来自孩子的任何坏消息呢?是不是有强烈的让孩子害怕的情绪反应呢?如果是,就是父母给孩子奠定了撒谎的基础,是我们和孩子之间出现了信任危机。如果孩子知道大人会适当地处理他的偏差行为,并且能够配合他的需要,那很可能他说谎的情形就会有所改善。

奖励诚实比惩罚撒谎更重要。根据孩子的年龄选用不同的表扬方式。不要仅仅对孩子说"真是个诚实的孩子",要表扬他的具体行为,越具体他就越清楚哪些是好的行为,遵守这些行为的可能性也就越大。比如,妈妈说:"你承认花瓶是你打碎的,真是个诚实的好孩子。今天晚上妈妈给你做你最爱吃的冰糖南瓜。"并把孩子的诚实行为讲给家人听,强化他的诚实行为。

如果父母的行为和教育没什么问题,但孩子还是撒谎,尤其是有的孩子到了 10 岁以后仍然爱撒谎，屡教不改，而且很自然很习惯，这就需要专业的心理专家帮助了。这些孩子善于编故事，不能区分真实和幻想，心智的成熟需要特别的帮助。

教养一个诚实善良的孩子是每一个父母的愿望，但也不要期待孩子天生就具备很多美德。诚实的品格是逐渐形成的，不是靠说教，是要经过缓慢的成长过程才能达到的。让我们用科学的爱，耐心地对待每一个孩子可能出现的缺点吧，在阳光、雨露的滋润和风雨的摔打中，一棵小树才能长成一棵挺拔的大树。

| 小贴士 |

有专家对 6~9 岁的孩子做了调查，发现 6 岁的孩子中，能够区分真实和想象的，不到 20％；7 岁左右的孩子即使用谎言把事情蒙混过关，他也会不安；9 岁以上的孩子就全部理解什么是真实和故事。也就是说，当孩子能够区分现实和想象时，他就明白了什么叫谎言。孩子只有到了 12 岁左右，他才开始从新的角度理解诚实的问题。

●●●●
温和也是一种竞争力

> 在一个物质越来越丰裕、文明程度越来越高的社会里，文化的力量和人性的温暖更会被人重视。

我是个性格温和的妈妈，凡事不爱争抢，而且我发现我的女儿和其他的孩子相比性格过于温和，而且有时候还被厉害的孩子欺负，显得性格有些软弱。我当然希望女儿是一个温和的人，但是现代社会的激烈竞争又让我很矛盾，我很担心孩子这样的性格在长大后会吃亏，是不是该有意培养孩子争强好胜的性格呢？

● 人性之美在于温慈

我不认为性格温和的人就没有竞争力，争强好胜的人就一定能取胜。柔韧的藤蔓和刚硬的钢铁，各有各的力，各有各的强。世界上的胜者不一定都是那些拔剑出鞘的勇者，温和也是一种力量。你听说过南风和北风较量的故事吧？我不知道你的温和性格有没有让你在处事时吃亏，据我所知，世界上大多数人还是喜欢性情温和的人，而对那些争强好胜者会敬而远之。你说，在这个世界上，是温和的人幸福还是争强好胜的人幸福？

所以，首先要肯定自己温和的性格，这是一种好的品质。你的女儿如果能有你的温和，同时又有处事的智慧，在任何社会中她都不会吃亏的。还有，你可以细心观察一下，和"50后""60后""70后"相比，"80后""90后"的人虽然都是独生子，但他们的性情却越来越包容，越来越温和。在社会性的竞争中，他们也不像"60后"那样有拼劲儿。因为相对20世纪80年代以前出生的人，后来者是在一个物质越来越丰富、人性越来越开放的环境中长大的，他的成长中没有很多负性情绪的累积。因为物质丰富，又是独生子，他不用担心家里的东西被其他的孩子抢了去，不用花心思怎么把玩具抢回来，不会嫉妒，东西属于他一个人的，没有这些负性的情绪沉淀在他的潜意识中。

人一般在满足之后才不会为占有而生邪念。所以，将来你的孩子面对的世界，已经是二十年以后的社会。想想我们生活的这个时代和二十年前相比，各个方面发生了多大的变化啊！未来那个由满足感越来越强的人组成的社会，争强好胜式的激烈竞争还是不是那个社会的主流，谁也不敢说。但可以肯定的是，在一个物质越来越丰裕、文明程度越来越高的社会里，文化的力量和人性的温暖更会被人重视，金钱、权力等这些今天看来是"成功"的标志，到那时还是不是众人追逐的目标，这个现在谁也不敢说。所以，没有必要为了未来那些看不见的担忧，而去刻意培养女儿争强好胜的性格。说不定，温和的性格会是你的女儿在未来社会生存的优势呢！

那是一个多么美好的社会！我们祈祷并努力，希望我们的孩子们能有这样的生存环境。

● 点滴之中累积孩子内心的能量

当然，如果你觉得女儿在性格方面比较软弱，可以建议试试以下的方法：

试着找出女儿最优势的地方，让她和小朋友玩时拿出自己的长项，建立她的自信心。我当年对儿子就是用这样的方法，一次次激励着他充满自信地去发展他自己。

　　让孩子多接触同伴，有意让孩子和胆大勇敢的孩子一起玩耍，让孩子在群体中锻炼自己。因为孩子的性格在游戏和日常生活中表现得比较明显，孩子爱模仿，让她和大胆的孩子一起玩，她就会跟着动起来，做一些平日里她一个人不敢做的事情，模仿多了就会形成自己性格的一部分。

　　父母千万不要在孩子表现得胆小懦弱时指责孩子。不在无形中用不良刺激强化她的弱点，注意保护她的自尊心。

　　鼓励孩子大声说话，大胆表达自己的想法。在孩子胆怯、表达有困难时，父母不要着急，而是鼓励、引导她，别给她压力。也可以请孩子邀请和她性格相同的小朋友到一个视野、空间都比较开阔的地方，一起组织集体活动，给孩子创造一个自由的无拘无束的空间。父母可以在一旁引导，把孩子们的热情调动起来后避开，让孩子们放声宣泄，尽情恣肆。

　　温和不是软弱，不是没有热情和力量。父母多在家庭里创造一种温暖的气氛，示范给孩子，也会给她滋养和能量。

　　不要包办代替孩子的事情，让她亲手做她力所能及的事情，会更好地激发孩子做事的热情，并在其中感受到一种成就感，在成就感中感受到自信的力量。生命的能量就是这样一点一点积累起来的，然后，那个怯懦的小女孩，最终会成长为一个自信、乐观、勇敢的智慧女性。这几乎是每个人获得成熟和自信的必经之路。

　　相信你自己，相信你的女儿！

● ● ●

以谦逊和慈爱代替权威和严肃

　　真正爱孩子，就必须改变我们成人对孩子随心所欲的引导和压制，以谦逊和慈爱代替所谓权威和严肃，让自己的内心世界发生一次根本的改变，真正从儿童的角度去理解孩子的世界，理解他的行为背后隐藏着的心理特点。

　　儿子还差一个月到 3 岁，现在跟父母对话，总要加个"不"，话说起来不停，犟嘴，还把小拳头握得紧紧的，有明显的情绪暴力。有时候看他那生气的样子，若说服不了他，说不定他就会扑上来打妈妈和爸爸了。妈妈有时很生气，他是不是天生就很逆反啊？听说孩子不仅青春期会叛逆，3 岁就有反抗期，请问，该怎样和孩子平安度过呢？

● 儿童的愿望和成人的意志发生冲突

　　看到你的描述，我忍不住笑了。这个情绪激动的小男儿一定有一个很丰富的情感世界，而且内心的能量很强啊！妈妈若能读懂，就不会跟孩子生气了。因为懂得，所以理解；因为理解，所以会爱。这是我们做父母的必修课。

　　孩子在成长中有关键期，但我不认为一定会有叛逆和反抗出现。顾名思义，所谓"反抗"，就是孩子与抚养者的成人世界产生冲突后的行为。如果没有冲突，何来反抗和叛逆？不是孩子错了，也不是我们错了，而是因为我们和孩子各自的思维方式是不同的，所以我们成人和儿童之间就不能相互理解。**孩子毕竟是孩子，况且还是那么弱小的孩儿，他自然不会清楚**

地表达自己的思想和情感，那就只能是我们抚养者谦虚地进入儿童的世界学习，努力解读并理解他们，使孩子成长的环境条件（不仅仅是物质）更加符合孩子的心理发展，以促使他的心灵更好地从环境中吸收更有益于他生命成长和心理发展的东西。但往往抚养者却把自己放在权威和教育者的位置上，认为小孩子必须遵循成人世界的规则，于是，当孩子有了一定的行为能力和自主意识后，他想挣脱"规则"的束缚，说"不"字也就成了自然。

3 岁孩子的特点就是他觉得他是个大人了，他可以自己走路、蹦跳，可以触摸到他感兴趣的东西，想模仿大人去扫地、洗衣服、倒水……可是成人却觉得他还是个小孩子，对他会有一种忧虑感，总担心一些东西会被他摔碎或者砸烂，担心他会弄伤自己，于是就有了制止和制约。**成人以他们的优势，以爱为理由，主导着孩子的成长环境，使儿童的活动适应成年人以自己的思维建立的环境秩序**。于是，儿童的愿望与成人的意志发生冲突，这种冲突的结果往往就是大人认为孩子"不听话""逆反"。但实际上这是孩子"工作"的愿望，成人无法理解这样的"工作"对儿童的重要性，就会以成人思维进行"压制"。

孩子发脾气、抗争、犟嘴的表面之下，掩盖着一个活力被压抑的儿童。 这时父母生他的气，给他讲道理，甚至严厉地教训他，会使孩子的心灵远离我们，甚至还会给孩子留下早年的心理创伤。按照经典派的精神分析学者分析，孩子在 1~3 岁时的正常情绪，如愤怒、悲伤、破坏、宣泄等被父母过度压抑、控制，长大后性格容易内向、压抑，出现强迫性人格。所以，**真正爱孩子，就必须改变我们成人对孩子随心所欲的、不科学的引导和压制，以谦逊和慈爱代替所谓权威和严肃，让自己的内心世界发生一次根本的改变，真正从儿童的角度去理解孩子的世界，理解他的行为背后隐藏着的心理特点。**

● 适当引导与冷处理

当然对于孩子的一些过激情绪，比如骂人打人，还是需要合理处理。最好的办法不是训斥、制止，训斥能让孩子加深记忆，使他认为这是吸引大人注意力、逼迫他们就范的有效手段。一个办法是冷处理，他骂人时别理他，直到他不骂了；另一个办法是迅速转移他的注意力，让他的兴奋点分散，他的情绪就不会激烈地聚于一点了。

对不到 3 岁的孩子讲道理有点困难，因为他还没有形成对外部事物的理性认知，而更多的是循着自身内在的感觉去做事，属无意识状态。即便教育，也不要说"宝宝不要骂人，这是坏行为"，这样会强化记忆。可以说什么行为是好行为，宝宝要做这样的好孩子，正面引导，会有好的效果。

有句老话，"养儿养女多烦恼"，那大多是指孩子大了以后，各有主张，各有生活，孩子们有幸福有痛苦，令全身心爱他们的父母多了牵挂和无可奈何。可是现代社会的父母，如果从孩子 3 岁开始，就担忧如何与这个小人儿和平相处，那真不是孩子的错。

成长是一生的事情。孩子需要成长，父母也需要成长，在养育孩子的岁月里和孩子一起成长。如果在孩子小时候我们就开始了这种成长的努力，那不但能与 3 岁的小儿和平共处，也能与青春期的帅哥和平共处，自然将来也就不会有"养儿养女多烦恼"的感叹了。

●●●
一句句"都是为你好"引发的亲子冲突

> 准许冲突是亲密关系及健康家庭的标志，也是一种家庭成员之间的良好沟通。

　　我的孩子已经五岁半了，从他两岁开始我就感觉到了他对我的反抗。孩子很有自己的主见，凡事喜欢自己来，但又总是做不好。为此我经常和他产生矛盾。从您的书中看到似乎您几乎不和孩子有冲突，很想知道在您和孩子相处的过程中，是怎样化解与孩子之间的矛盾的？

● 洞悉爱的本质

　　"如何化解和孩子相处的矛盾与冲突？"不止一个朋友问过我这个问题，还有的朋友对我说的"我没有感觉到我的儿子有逆反和反抗期"表示疑问。记得中央电视台的一个节目组曾经想做一个节目，一定要我描述出养育孩子过程中的矛盾和冲突的细节，我使劲儿想却怎么也想不起来。最后，编导觉得没有矛盾和冲突这个节目做出来怎么会好看，而且现在家长与孩子的矛盾和冲突已经是做父母遇到的普遍问题，没有这一块，就对观众没有针对性。

　　我想起我与图书策划人麓雪去江苏教育电视台做节目，在我们和工作人员交谈的过程中，那位女编导说："我几乎每天早上都要和我女儿抓狂。"我问她孩子多大了？她说："4 岁。妈呀，我都不知道接下来的这些年怎么和她过！"编导哈哈大笑，我却欲说又止。

　　还有一位国有大公司的女财务主管对她的朋友说："我女儿在家里和她的猫说话柔声细语，看我下班回家，一扭头就对我说'仇人，我下去玩了'，上帝，我天天伺候她竟然成了她的仇人？"

　　母亲和女儿成了"最亲密的敌人"，为什么？自由是人最大的幸福，当一个孩子被父母之爱"爱"得快要窒息时，往往最后的结果就是冲突和反抗。记得有一本书叫做《都是为你好》，书中列举了一些被称为"毒性教条"的家庭规则，这些规则以孩子的服从为主要标准。当孩子们按照大人的指示去思考和行动的时候，当他们谦恭、讨人喜欢、不自私、为他人着想的时候，就是具有美德的"好孩子"。这样的家庭中，父母是孩子的主人，孩子要"有耳无嘴"，不能有自己的愿望和行动；孩子行为的对与错，由父母像法官一样地判决并惩罚，可父母犯错却可以免受责难。父母对孩子的管理，往往是化解孩子的个性，限制孩子的独立自主。父母对孩子的爱，要么溺爱，淹没孩子的自我能力；要么严厉冷漠到伤害孩子的自尊。家庭会伤人，爱会伤人。不健全的家庭和不科学的爱，都会破坏我们和孩子的血脉亲情。有责任心不一定会爱，有家庭不一定温暖。父母和孩子之间有一种很微妙的关系，孩子对父母的看法，是由父母教出来的。我们做父母的，真的需要自省：爱的结果为什么有时变成了恨？

　　亲子关系真的已经成为很多父母面对的一个问题。很多父母会说："你说现在的孩子怎么管啊？从3岁就管不了了。这大了还了得啊？""哎呀，现在的孩子想法太多了，你说一句他有十句等着，还一套一套的挺有理。根本不把老子当老子啊。"我却从另一个角度看这些现象，我觉得现在的孩子们生长的营养、接触的信息太丰富了，所以，他们那颗"有吸收力的心灵"也就吸收得多，一代比一代更聪慧。因为懂得，所以理解；因为理解，所以会爱；因为会爱，所以愉悦。**给他需要的，而不是给他我想给的，这是**

爱的本质。

父母都觉得自己是在无私地爱着自己的孩子，孩子也是在心里爱着自己的父母，可是，往往相互爱着的人却出现冲突和矛盾，问题到底在哪里？人类的本性就有着如此的可能性：有爱就会有恨，有奉献就会有对抗，有尊重就会有嫉妒……孩子对于父母、老师以及可以管教他们的人都有两种态度，我们要接受他们这种既爱又恨的矛盾情感。同时对孩子的这种矛盾情感保持平静的、不批评的态度，这样可以传达给孩子一种信息：即便是这样的情感，也是能够被父母理解的，孩子会从心里感受到父母真正无私的爱。

● **努力避免胜于极力化解**

在《和儿子一起成长 1》一书中我提到，和孩子"最好的莫过于朋友关系……"也许现在父母和孩子的矛盾和冲突太普遍了，如何化解成了很多父母的需求。它不像某一种疾病的蔓延，用一个药方可能就解决问题。亲子关系的矛盾问题，出现在不同的家庭、不同的父母、不同的孩子身上，两者发生冲突的原因、事件也不一样，只能具体问题具体分析。最好的"医生"还是父母自己。

我更看重的是如何避免而不是去化解，这需要父母观念的改变。父母不是真理之父，也不是真理之母。理解孩子每一个年龄阶段的需求，理解是最好的沟通前提。我之所以不跟孩子生气，因为我知道他那样做的"症结"在哪里。当他一岁多把西红柿抓烂时，当他拆砸玩具汽车时，当他有自己喜欢的明星偶像时，当他对异性有朦胧的感觉时……这些孩子成长中的"异常"行为，在我的心中理解为是他那样年龄的正常行为，因为懂得，所以理解，因为理解，就有了有效的沟通。**父母不是权威和真理的化身，只**

是孩子生命中最亲密的朋友。这样的爱，让孩子感觉不是被控制，父母不纠结于权威不被尊重而怒的情绪，彼此之间也就平等而友好。这种理念不仅仅在我们处理和孩子的关系时有效，对于很多关系，特别是亲密关系，都是很好用的。

让我们合理、适度地付给孩子需要的爱，并在这份爱中获得圆融和谐的亲子关系。

有一本心理学专家李子勋的书，名字叫《家庭成就孩子：李子勋的后现代亲子课》，里面从心理学的角度谈到了亲子关系，我觉得很值得一读。它会对我们千百年来传统的教子、亲子观有所冲击，对我们做父母的个人心灵成长也很有教益。

| 小贴士 | **健康家庭允许冲突和沟通**

准许冲突是亲密关系及健康家庭的标志，也是一种家庭成员之间的良好沟通。不要以为所有的冲突都是关系不良的反应，不要只看表面上的问题，怎样面对和处理，以及了解冲突的根本原因更重要。

在一个关系良好、健康的家庭中，家人都可以表达自己的想法、感受、欲求和幻想，包括孩子；家人之间的关系是相互平等、相互尊重的，父母不是至上的权威，孩子也不是必须的服从者，每个人都可以表现出自己独特的价值和个性；父母言行一致，能够坦诚自己的错误和羞愧之心，并允许孩子犯错，把错误当作学习成长的过程。对孩子说出自己真实的想法，避免说教，不要列举"罪状"，避免谁是谁非的讨论，把焦点放在当下的问题上，并能有足够的耐心去倾听孩子，让孩子觉得你听到的确实是他要表达的。

第 3 章

成长的节奏

孩子基本上生活在一个以大人的需求为主的环境里，快节奏高效能，是成年人世界的需求，但不一定适合孩子成长的节奏。

● ● ● ●

比节俭更重要的是孩子的创造力

在锻炼孩子的某种能力，或者培养他的某种习惯时，不要使孩子内在力量的作用受到限制。

儿子今年 4 岁了，我很希望培养孩子节约不浪费的好习惯，但我在说给他听的时候，他好像一点也没有概念。尤其是经常我做好了饭，他却非要让我带他到饭店去吃。如何才能让他养成节俭的习惯呢？

● 习惯是一种"养成教育"

不管好的还是坏的习惯的形成，都是一种"养成教育"，是在日常生活中日积月累而成的。道德说教对 12 岁之前的孩子效果似乎不是太好，因为孩子总是对自己有所体验的事物才会理解并接纳。

现在的孩子们生长在一个物质丰盛的时代，从小体会不到衣服破了补补再穿是什么感觉，也不知道很少的食品要和兄弟姊妹分享或者省着吃是什么滋味，父母或者家人也是经常在饭店就餐。他现在看见的，和我们小时候看到的不一样。我们当年对于"节约"概念的形成，是看到我们的父母省吃俭用，一分钱掰成两半花，好东西省着吃，衣服是哥哥姐姐穿过了再传给弟弟妹妹穿，更不用说去饭店吃饭。所以，"节约"当年对我们就不是一个词，而是父母的示范行为。我的孩子是"80 后"，当年我们的工资也不高，有限的收入我都用到对他未来的成长有益的开支上了，比如充分保证他的饮食营养、大量买书、出去旅游等。所以，他看到我们大人在他和自己身上穿衣等方面的节俭，"节约"在他那里不是一个概念，而是生活中孩子能体验到的事实，习惯就是这样养成的。

儿童有一颗能吸收知识的心灵，他的独自学习的能力取决于成人为他创设的环境，包括大人的行为。示范是最好的教育，言教不如身教。

如果条件允许，去饭店吃也不一定就是浪费，一些卫生的快餐也可以带孩子去体验一下（当然现在的餐饮还不能让我们完全放心，要慎重选择）。孩子喜欢的是饭店的环境，人多热闹又新奇，是一种新鲜环境对他的刺激，这些刺激对孩子的成长还是有益的。

如果实在不能去饭店，可以用别的方法来"对付"他。比如，告诉他"在家吃完饭，咱们去一个更有意思的地方去"。那个地方得真的有意思，大人还得说到做到。否则以后再用此法，就没有"信用"了。**父母要注意在孩子那里建立"信用等级"，等级越高，亲子关系就越好，教育也就越有效。**

● 比节俭更重要的是孩子创造的能力

我们总是希望我们孩子的身上，集中人类所具备的所有美德。很多父母往往更多地给孩子灌输思想的教育，用我们成人的思想，去刻意塑造孩子的行为，忽略了孩子行为受自然规律影响的事实。成人的行为是其思想的反应，但是孩子的选择，往往受其内在力量的驱使。如果我们在锻炼孩子的某种能力，或者培养他的某种习惯时，使孩子内在力量的作用受到限制，孩子的意志力和专注力的发展也会受到限制。

现在都市里出现了很多"啃老族"，自己不敢接受社会的竞争压力，不敢独自承担生活的责任，而是"回归儿童"，重回父母的屋檐下。其实，是否到饭店用餐，在现代社会生活方式中，不是衡量是否具备美德的唯一标准，就像现在的孩子不一定非得穿带补丁的衣服才是艰苦朴素一样。

虽然在任何时代，节俭都是一种美德，但是随着经济物质水平的提高，节俭的标准也不一样了。过去花十元钱去饭店吃顿饭就很贵了，现在几十元也只能吃个快餐。所以，我们做父母的各种观念都要随着时代的发展而改变。叫外卖吃快餐成了现在很多年轻人的一种生活方式，但老人会觉得"在家里做一顿多便宜啊"。这就是不同代际不同生活方式的冲突，我们将来也没必要强迫长大的孩子非要和我们的节俭方式一样。更重要的是他能成长为一个自食其力的人。如果他能通过自己的奋斗，真的有能力过上富足甚至奢华的生活，只要他不挥霍，不奢侈浪费，优质富裕的物质生活是每个人的向往，我们做父母的也无须非要把我们的价值观让孩子承袭下去。

●●●●

"有意思"才会对孩子"有意义"

> 孩子是在做有意思的事情中获得学习和成长。这种儿童的心态和知觉，是他成长中不可或缺的一种东西，那是他的想象力、创造力的来源。

我的孩子5岁了，经常自己在家里想象一些东西，比如他喜欢挖掘机，就把各种东西想象成挖掘机，还把书都搬下来，在地上摆了一大排，乐此不疲，说是"修路"。我想让他做点有意义的事情，对开发他的智力有好处的事情，听听音乐看看书什么的，请问该怎样引导他？

● "有意思"才会对孩子"有意义"

孩子在家里想象一些东西，把各种东西想象成挖掘机，把书都搬下来在地上摆了一大排，乐此不疲地"修路"，父母应该感到高兴。因为这说明这个孩子是个富有想象力、热爱"工作"的孩子，是他潜在力量（精神胚胎）的觉醒。

每个生命自母体而来之时，必然携带着全部的自然信息。儿童那颗能吸收知识的心灵以及独自学习的能力，依赖于自然信息的引导，从生命内部唤起他学习的热情和生命的智慧。"工作"是他实现这种学习的途径，他以最熟悉的、自然的知觉去感知、认识外部的世界。大人看上去觉得无聊和无意义，但对于孩子来说，那真是一种充满创造力的活动，不但有意思，而且有意义，所以他会乐此不疲。这时父母千万别制止，别用成年人的价值评判去评论甚至指责，更不要嫌孩子把家里搞乱而不顾孩子的意愿强行把东西收拾起来。

有意义和有意思，是我们成年人对一件事情的价值评判。童年时期的孩子是靠感官，靠自然的知觉去触摸这个世界，**孩子是在做有意思的事情中获得学习和成长的。这种儿童的心态和知觉，是他成长中不可或缺的，那是他的想象力、创造力的来源。**

● 创设环境，协助孩子"工作"

要给孩子看书、听音乐，都可以，但必须遵循孩子成长的自然规律。婴儿的第一本能就是不需要别人的帮助，他喜欢自己去做事情，不喜欢别人的阻碍，被阻碍了就哭，发脾气。这说明，从生命的开始，他就试图通过自己的行为，寻求身体和思想上的独立。我们成人如果给他这个自由和独立，他就会像一个热爱劳动的工作者一样，乐趣横生。

不管是想让孩子读书、听音乐，还是锻炼他的创造能力，最好的方法就是给儿童提供环境。让他读书，不是拿一本书硬给他读，而是创设环境，家里有书，父母爱读书的示范，才能引发他自己读书的乐趣。

蒙台梭利把教育称为帮助儿童发展，认为"任何个体的行为都是环境经验的产物"。孩子把很多东西想象成自己喜欢的东西，把各种东西想象成挖掘机，都是他在无意识地借助环境进行自我学习。父母此时的有效帮助，不是把这些物件换成书或者音乐，而是协助他，随时提供可以让他在这一活动中获得更多体验的东西。孩子在丰富的环境体验中得到满足，会对他的成长起促进作用。

心理学家李子勋曾经说，"父母在养育孩子时，容易忽视孩子心理、行为发展的循序渐进和个性需求，过于急切地按照社会的评价体系去'雕刻'一个'好孩子'。"过早、过高地向孩子提出道德要求，或者让孩子过早、过多地淹没在大人认为的有意义的科技、竞争等学习中，也许会为孩子将来在社会发展中带来更多的机会和成功，但也会使孩子失却自然本真，失却对生命自然的滋养，容易导致身心不健康的"小大人"。

20世纪50年代到80年代的人，都是在传统教育体制和传统家庭教育中成长起来的，从小受了很多的语言概念教育，被更多地要求去做有意义的事情，为社会化的成功标杆所驱使，忽略了自己很多的兴趣或意愿，在获得某种社会化的成功中，也多多少少失去了体味生命自然本真的乐趣。

生命成长的自然法则和人类社会的秩序如何平衡，这个问题如何能在我们教育孩子的过程中把握好，这是我们每一个为人父母者都需要学习的一堂课。我们希望我们的孩子是一个身心和谐、懂得享受生命的乐趣和幸福的人，是一个贡献社会并能够用自己的劳动创造快乐人生的人，那就从让他独立、自由地做他喜欢的事情开始吧。

让我们用理解的心，在一旁含着微笑陪伴吧……

• • • •

少些说教， 多些理解

允许孩子自己做自己的事情，允许孩子为自己的选择而努力，允许孩子自己解决自己的问题，允许孩子从他们自己的错误中学习，我们的孩子才能最终成为一个独立的个体，逐渐从父母的身边分离出去，最终成为能够依靠自己的力量傲立于世的身心健康的人。

儿子 12 岁了，父母感觉越来越难和孩子沟通交谈。比如觉得他某件事情做得不对，刚说了几句他就烦了；他有些消极看法或者想法，父母说两句他也反感。孩子不愿意向父母敞开内心世界，也不愿意接受我们的引导，请问怎么办？

● 少说教，多理解

12 岁的孩子确实到了一个生命成长的特殊时期了。我们通常认为这是预备青春期。这个时期的特点就是家庭和父母的影响在他那里逐渐减弱，来自社会和团体的影响对他会越来越大。

家庭教育的功能在孩子 12 岁左右基本就完成了。如果父母在这之前对孩子有良好的家庭教育，孩子在个人品质、人际交往能力、自理能力等还不错的话，暂时出现一些差错也属正常。因为孩子在家庭中从父母身上学到了许多信息，12 岁后他会在逐步社会化的过程中试着去应用。我们怕孩子犯错，就总是心急地去指导他，但青春期的孩子却是必须亲身去体验生活才行，他似乎不能单单接受父辈的口授知识和经验了。**允许孩子自己做**

自己的事情，允许孩子为自己的选择而努力，允许孩子自己解决自己的问题，允许孩子从他们自己的错误中学习，我们的孩子最终才能成为一个独立的个体，逐渐从父母的身边分离出去，最终成为能够依靠自己的力量傲立于世的身心健康的人。这是家庭教育的根本目的。

当然我们做父母的在人生的路上，比孩子多走了几十年，以经验去教导、修正、引导孩子，也是必要的，但是焦点和方法得有所改变了。

在孩子有消极看法时，不管是对他自己的，还是别人的，父母都不要马上去反对和否认孩子的看法，带着批评的观点去阐述自己的认知，这样孩子会更坚定地确信他自己的看法。此时父母能够给他的最大帮助就是理解他的感受，引导他继续说出自己的更多想法，说出他内心的感受。这样，父母才知道孩子内心的真正想法，有什么矛盾挣扎。千万要克制自己一听到或看到什么不对的事情就想说教的欲望。我们做父母的在说教孩子时，很容易从我们自己的价值判断和取向去考虑问题，要知道我们这个年龄的时代和孩子这个年龄的时代，相距接近 30 年。30 年里，社会环境、人的思想发生了多大的变化啊！所以，我们必须把我们的思维放在孩子生长的年代，去了解、理解现在孩子的世界，我们和孩子的交流与沟通，才更容易被孩子用愉快的心境接纳，教育和引导才能得以实施。

● **先解决情绪再解决问题**

想法往往是和情绪连在一起的，我们的孩子需要我们从心灵层面去认识他，而不仅仅是停留在某一个事件本身。比如他和同学闹别扭了，我们不要马上去评断是非，因为这会阻断我们和孩子的交流。比如可以对孩子说"你现在很生他的气吧"，这是在帮助孩子显示、表达他内心深处的感觉和情绪。先解决情绪再解决问题，这是我们处理问题最冷静的方式。

我们往往会犯一个错误，就是当孩子出了什么差错时，第一反应是下判断："你总是那么任性。""你怎么这么没礼貌？总是打断我的话。""你就是性子太急。""怪你自己没志气，不怪人家嘲笑你。你长点志气给他看看。"这样的话语直接就是人格的评判，只会让孩子更沮丧，情绪更消沉，心扉自然也就不会向父母敞开了。父母可以对孩子的错误表达出自己的感觉，但不要去指责和评判。比如，可以说，"我的话还没说完就被你打断了，我很不高兴"，"你那样对奶奶我不高兴，她是我的妈妈"……父母要从对孩子的指责和指导性语言模式中走出来，类似的表达能够引导孩子表达出他内心的情绪，然后才能再让他平静地去思考。**只有内在的自省，才会促使他真正从某一事件中学习到一些东西，然后去改变和成长。**

其实我们都知道，理解和富于同情的语言交谈是多么能够安慰孩子的心，但是我们不习惯，因为我们已经习惯了父母是居高临下的指导者的角色，很少有父母能够真正倾听孩子的讲话。

亲子对话最好的契机是在"想要传达"和"想要理解"的心情结合时。处在这两种状态中的人，彼此的心灵最容易打开。其实，这也是一种与人交流和处理问题的方式，如果父母能跟孩子形成这样的对话模式，无疑也就给孩子示范了一种与人交流和处理问题的方式。因为这样的交流，适应于普遍意义上的人际关系。

● ● ● ●

亲情培养也有关键期

职业女性有了孩子之后，生活压力很大，但是不管怎样都要在孩子两岁之前，尽量把孩子放在自己的身边抚养。

孩子从一岁起寄养在外地的父母家，读初中时我们才把孩子接到身边。孩子对我和丈夫一直像对陌生人，客气中带着冷漠，我对她关心得多了，她反而反感，还经常顶撞我，不知道怎样才能和她沟通？

● 亲情培养也有关键期

很理解一个妈妈这时的心情，但面对的又是很自然的一种结果。过程决定结果，即使是血脉之情，也是需要岁月中的点点滴滴凝聚而成的。那种心灵相通与融洽的亲情培养也是一个过程，尤其是在孩子小的时候没有朝夕相处，到她初中时再在一起，如果妈妈的交流方式不恰当，是可能会有一点隔阂和麻烦出现。不过既然已经发生了，也不要着急，女儿已经在你的身边生活，相信只要方法得当，血脉亲情的温暖会慢慢融化你们之间的冷漠。所以，不要着急，慢慢来。

我一直相信，在所有的教育中，亲情教育是最关键的。父母如果与孩子之间没有良好的亲子关系，其他教育也不可能实施。亲情的培养和其他的教育一样，也是有关键期的。也许有人会说，血缘之情哪用得着教育？实际上，即使是亲生儿女，如果没有在亲情教育的最佳培养期给予他恰当的爱，等他长大成人后，我们和他的心灵上，还是会有一些莫名的隔阂。

心理学专家认为，孩子在两岁之前对母亲怀有巨大的依恋，这种依恋帮助孩子获得足够的安全感、满足感和与人亲密的能力。孩子两岁之后，才可以鼓励他逐步走出对母亲的依恋，但在分离的过程中，他还是有生气、敌意等负面的情绪，如果这种情绪在当时没有被大人认同，或者没有得到合理的宣泄，就有可能压抑在孩子的潜意识中，成为将来孩子和父母亲情的阻碍。孩子直到五岁前后，才会带着父母给予的爱的安全感，开始把兴趣转向家庭之外的世界。

说实话，一岁的孩子离开妈妈，被寄养在外婆家，外婆给予再多的爱，也无法弥补她在妈妈的怀抱中所获得的安全感。非自然的分离，会给孩子的心灵留下情感欠缺。实际上，长大后的孩子在心中也是渴望和妈妈的亲密，但是潜意识积存的生气、敌意会在重新和妈妈在一起时，不自觉地显现出来。这就是表面上看起来的逆反和冷漠。

● 亲情是孩子一生的财富

我经常跟女友们说，职业女性有了孩子之后，生活压力很大，但是不管怎样都要在孩子两岁之前，尽量把孩子放在自己的身边抚养。妈妈对孩子的付出是可以分阶段性的。在孩子生命的初期，妈妈是需要多花点功夫的，等到他可以进入社会机构，比如幼儿园、小学、中学、大学去独立学习，有专职教育者去教育他的时候，妈妈就可以腾出时间来做自己的事，去实现自己的职业理想，享受生活的乐趣。

当年，我在儿子刚出生的那几年里，除了工作，把几乎所有的精力都用到了他的身上。星期天，亲戚朋友在一起打麻将，我骑着车子带孩子到公园，到大自然中去，到很多场所去，让他接受刺激教育，同时，在随机教育中，我和他培养了可以彼此心领神会的一种亲情。我经常跟年轻的女友们说："能克服就克服，尽量把孩子带在自己的身边。可以寻找一些支持，就是两年的时间，怎么难都能过来。"两岁以后孩子的安全感建立起来，如果再寄养在父母家，加上现代的通信技术，基本可以做到让孩子不会有太大的"分离创伤"了。

另外，我不赞成把小孩子送进寄宿学校，我总觉得寄宿学校像一个"文明监狱"。我们和孩子在一起的时间，就是随时向他提供教育的机会，同时也是培养点滴亲情的过程，错过了很可惜。**我们做父母都想多赚钱给孩子更多的物质财富，可是在为这样的财富努力时，我们也不要忽视还有一种让孩子可以享用一生、可以使他有力量自己创造财富的"财富"，那就是亲情的满足给他的自信心和安全感**。孩子的生命中有这样的"财富"，他就比较容易找到幸福感和安定感。

● 保留孩子和父母之间的空间

丰子恺先生曾经说过："我以为世间人与人的关系，最自然、最合理的莫过于朋友。君臣、父子、兄弟、夫妻之情，在十分自然合理的时候都不外乎是一种旷久的友谊。"所以，不要急着去弥补她不在身边时的缺憾，恨不得把所有的爱都给她，这会让她一下子不适应，甚至会有被爱控制的窒息感；也不要觉得孩子这么多年不在身边，要急着去教育和指导她。就先像对待好朋友那样关心和理解女儿吧。

妈妈不妨像一个朋友那样与女儿先相处一段时间，让孩子和妈妈之间有一个空间，这个空间有利于你们之间的互相了解和尊重，不会轻易发生彼此不客气的顶撞。留出这样的空间，也给孩子留出了冷静地感受父母之爱的余地，她会客观、冷静地反省自己对待父母的态度。这样的内省，有利于她和父母拉近心灵的距离。**父母要尽量去了解孩子的世界，但不要硬**

去探询她的世界，应当充分尊重，以一种很自然的方式，像朋友一样地参与到孩子的世界中来。

　　其实，虽然寄养不利于孩子和父母亲情的建立，但也不是所有寄养在老人家的孩子对自己的父母都会冷漠。孩子的父母现在跟孩子沟通时，也应该反省一下自己在孩子寄养期间对孩子的情感缺失。

　　血脉相连的亲情终归在彼此的心里，只是需要正确的沟通渠道让那份热情流动起来。不着急改变，尊重孩子现在的感觉，只要父母在相处中付出了爱，一切都会慢慢好起来的！

●●●●
每个人都有自己的天赋和个性

> 人是一种喜欢被别人爱、被别人理解的动物。心灵如玻璃般透明易碎的孩子，更需要我们的呵护与欣赏。"你想让孩子成为什么样的人，你就认为他是什么样的人。"

我是一个 10 岁男孩的母亲，由于我教育的失误，我的儿子学习成绩一般，也没什么特长，在班里是被老师忽略的孩子，为此他有自卑感，甚至不愿意去上学。请问该怎么办？

● 每个人都有自己的天赋和个性

首先很想对你说，这个"学习成绩一般、没什么特长的孩子"，未必没有他的特殊之处，先不要在思想上认为自己的教育失误，不要让孩子觉得"我真的不行，看，连最爱我的妈妈都认为我是她教育失误的产品"。再说，一个 10 岁的男孩子，就因为学习成绩一般、没什么特长、被老师忽略，怎么就能说是"教育失误"呢？我们到底在用什么标准来评价孩子？我觉得这个问题真的值得我们很多做父母的和老师深思。

好的教育就是发现孩子的天赋并加以培养，使他发现成功感。美国全球知名的民意测验和商业调查/咨询公司盖洛普公司，曾经提交过一个研究报告，报告说每一个人都有自己的天赋。每个人最大的成长空间，就在于他发现了自己最擅长的，并在兴趣中发挥他最大的潜能。无论是家长，还是老师，都应该尽量去发现孩子的个性和天赋，因材施教，用个性化的教育来适应信息社会的多元化发展。

　　所以，作为母亲，要坚信你的孩子和其他孩子一样具备自己的天赋和个性，只是需要引导和发现。建议针对孩子现在的情况，多和老师交流，请老师和您一起，关注孩子，鼓励孩子。找出他的优点，强化他的优点，淡化他的弱项，这个优点就会像一个支点，撑起孩子的自信。

　　人是一种喜欢被别人爱、被别人理解的动物。心灵如玻璃般透明易碎的孩子，更需要我们的呵护与欣赏。**对孩子来说，重要的是具有自信、自爱的精神，这种精神像植物的根一样，扎得越深越广，结出的果实也就越大。**

● 保护孩子的自尊和自信

　　我在教育儿子的过程中，始终注意保护他的自尊和自信。有几条注意事项，愿意在这里和你分享，也希望能对你建立孩子的自信有所帮助。

　　第一，不要动辄在外人面前提及孩子性格中负面的东西。不要说"这孩子没特长，什么都不出色，真让人着急"等，而是要淡化他的缺点，提醒他的优点。善于看到和不断巩固发展孩子身上所有好的东西。

　　第二，从孩子的优点入手，加以表扬。当然该批评的时候也批评，最好是批评一次，表扬三次，按"1∶3"的比例，孩子更容易改正缺点，且心情愉快，自信心和自尊心也会随之得到增强。

　　第三，对孩子的一些可笑的行为，错误的举动，家长不要去讽刺挖苦，可以在很友善的玩笑中提醒他。

　　第四，当孩子不开心时，父母要允许他表达自己的情绪，这样可以减少孩子的一些焦虑、紧张和挫折感。释放本身也是建设，这对他的自信和自尊的增强都是有助益的。当孩子经历人生的重大事件时，来自父母的倾听和支持，在孩子心中永远都是最有分量的。

　　家庭教育的根本目的不是传授或接纳某种具体的知识、技能，而是要从生命深处唤起孩子的自我意识，让他的创造力、生命感、价值感全面地觉醒，而一个孩子的自信和自尊，就是启动这些的原动力。

　　让孩子无论在谁的面前都不会感到卑微，无论在什么情况下都会坚定对自己的信心，这是他将来独立于世生存的根本力量，而我们父母就是这份力量的奠基者。

| 小贴士 |　　　　　　"皮格·马利翁效应"

　　"你想让孩子成为什么样的人，你就认为他是什么样的人。"心理学家罗森塔尔曾经做过一个测试，他对班里的老师说："我经过测试了，这6个孩子是班里最出色的孩子，一个学期后，你会发现他们的成绩非常出色。"此后，老师平时就非常注意这6个学生，等到学期末，这6个孩子果然成为全班最好的。老师奇怪地问这个心理学家："你是怎样测试出这6个孩子是非常出色的学生的?"罗森塔尔一笑说："我哪里做过什么测试，我从你学生的名单里随机抽出6个学生的名字，我就想做个试验，看看你们的关切程度会不会对孩子的学习成绩造成影响。"从此以后，人们就把"不同的期望值带来不同的效应"称为"罗森塔尔效应"或"皮格·马利翁效应"。

缓慢和沉思是正常的儿童心理

成人总是潜意识地阻止儿童进行那些缓慢和看似笨拙的活动，但孩子天生对于琐碎的或微小无用的东西满怀着热情，看似磨磨蹭蹭的过程，却饱含着他的全部精力和热情。

女儿 8 岁，是个慢性子，生活中是个小磨蹭，做作业也很慢。平时我费尽口舌给她讲时间如何宝贵，但效果不大。请问该怎样提高她的效率，能让她做事快一点？

● 缓慢和沉思是正常的儿童心理

这是一个快时代，每个人都希望高效率地做事，每个父母都希望孩子惜时如金高效率地学习。快节奏主宰了我们的生活，我们才会觉得"慢"成为生活的一种障碍。

其实，如果这个世界真正能慢下来，未必不是人类的一件幸事。

这样说并不是说慢性子、磨蹭就是好事情，而是希望当父母为孩子的这个问题着急的时候，能够走出对事情判断的自我观察点，而能够从一个更宽泛的视角去观察、分析和解决问题。

我不清楚你的孩子慢的具体情况。一般来说，自己做事快的人，总是感觉别人做事慢。所以，在你对孩子问题的观察和判断上，你可以先觉察一下自己的生活节奏。如果你在生活和工作中是一个节奏很快的人，以你做参照来判断孩子做事的快慢的话，可能会不自觉地夸大孩子问题的存在。

孩子基本上生活在一个以大人的需求为主的环境里，快节奏高效能，

是成年人世界的需求，但不一定适合孩子成长的节奏。所以，心理学专家认为，父母的生活节奏太快，并要求孩子也适应这种快节奏，会对孩子成长的健康的心理构成妨碍。每个人在自己的活动中都有一种节奏，它是人的一种内在特征。当其他人的活动节奏和我们接近时，我们就高兴；当我们被迫去适应他人的节奏时，就会感到不舒服。孩子的生活环境基本上是被大人主导的，成人的理解才是儿童成长的真正力量，过多地导入成年人的生活因素，就会破坏孩子"内在纪律的秩序"，可能会使孩子出现过于急躁或者过于懒散。其实，缓慢和沉思正是儿童正常心理的体现，儿童能够审慎地、有条不紊地行动，是源于他有一种内在纪律的约束，他个人能够控制自己的行动，而不受他人的意志支配，成为外界环境影响的牺牲者。你的孩子身上，也许有一种很强大的内在秩序力量，让她能够坚持自己的自然成长节奏，抵制着妈妈快节奏的影响呢。

我们成人有一条"最大效益法则"，注意的往往是他自己行为的外在目的。这就使得我们经常运用最直接的方法，在尽可能短的时间内达到自己的目的。所以，我们经常看到孩子在做一些似乎没有成效或者挺幼稚的事情的时候，就会着急上火，会忍不住以成人的能力去代替孩子在一瞬间把这个事情做完，而且做得很完美。比如，孩子在系鞋带，孩子在用他的小手指一点一点地缠绕着，妈妈在旁边急了："怎么这么半天还没系好？就这么简单嘛！"忍不住蹲下来三下两下给孩子系好了。不尊重孩子的努力，等于剥夺了孩子可能成功的成就感。如果妈妈能做到静静地看着孩子缓慢而有序地"工作"，并表现出尊重而欣赏的态度："系鞋带对手指是个不小的挑战呢。"那对孩子该是一种多么有益的影响啊！

成人总是潜意识地阻止儿童进行那些缓慢和看似笨拙的活动，但孩子天生对于琐碎的或微小无用的东西满怀着热情，看似磨磨蹭蹭的过程，却饱含着他的全部精力和热情。

经常有这样的情景：小孩子在慢腾腾地穿衣服、洗脸，或者做着他自己喜欢做的事情，大人让他快点，他也"不听话"，大人不耐烦了就迅速地代替他做完了。结果孩子又哭又闹地生气，因为成人的节奏阻碍了他的"工作"完成，发脾气是孩子需要以自己的节奏"工作"的本能不被理解的痛苦反抗。

如果孩子顺从地、任由成人的"快节奏"进入他的生活，他可能会压抑下自己做事的热情和活力，慢慢地变得"懒散"。当父母感觉孩子的动作缓慢时，总是忍不住要去进行干预，用自己帮助的行为代替孩子自己的活动。这种看似的"帮助"实际上是代替，剥夺了孩子靠自己的努力求得成长的机会。孩子潜意识里就继续不听话地"慢"下去，等待着父母快节奏的"帮助"。所以，**我们成人对节奏的观念，在孩子的世界中应该有个重新的认识。**

● 帮助孩子赢得"有效时间"

每个父母都希望自己的孩子珍惜时间、学业优秀、出类拔萃，但孩子难免因为年龄的特点，自制力较差。所以，如果确定孩子确实有磨蹭的问题，在了解了问题产生的可能原因之后，也不妨从以下几个方面试试。

第一，在孩子做事情时，试着和孩子商量，制订一个目标时间，让他自己决定这件事情可能得需要多长时间完成，然后帮他往回推算，帮助提醒他在预定的时间内把事情做完。一次次这样下去，就会在他心里形成做事有时间感的习惯，慢慢地他会不用别人提醒了。

第二，培养孩子的专注力。许多孩子整天在课桌前磨蹭着不能按时完成作业，大多是由于不专心造成的。一个人的专注力不是天生具备的，是需要从小一点一滴训练养成的。熟悉我的朋友都知道，虽然我的儿子上学后一直成绩很好，但我在他上学后基本没有在他身上花费很大的精力。很重要的一点，就是我们提前对他的专注力的有意识培养。一个孩子的专注力是从小培养的。比如，孩子在专心致志地"工作"，或者堆积木，或者玩沙土，这个时候成人不要以提供帮助的方式去干扰孩子。让孩子独立自主地完成"工作"，有益于培养孩子的专注力。从小养成这样的习惯，将来孩子才能够上课专心听讲，课后专心完成作业。这种凝神贯注的习惯和心理素质，对于时间的有效利用很重要，也是孩子做成事情的保证。

第三，对特别磨蹭或时间利用率不高的孩子，可以让他依据个人喜好和特点，订立一个时间表。能够安排好自己的时间是一个人成熟的标志之一，孩子有了一定的自理能力之后，就要让他适度有安排自己时间的权利。一个孩子正在津津有味地看他喜欢的卡通片，家长很生气地"啪"的一声把电视关上，说："快做作业去。"孩子很不情愿地坐在课桌旁了，但心里不愉快，时间的利用率当然也就可想而知。可如果有一个时间表，在孩子实在不能控制自己看节目的时间时，家长提醒一下，他也不会逆反，做起功课来自然效果也好。但这个时间表不能家长代办，应该在充分尊重孩子的意愿的前提下才会更有效。

每个孩子有每个孩子的特点，每一个父母都应该是最了解孩子的人。相信你会根据自己孩子的特点，和孩子一起，在保证孩子心理健康发展的同时，在和时间老人赛跑的比赛中，帮助孩子赢得更多的"有效时间"。

●●●●
改变对"学习"概念的认识

> 激发孩子自身内在的需求，这种源于内心的力量，比多少外在的批评、教育、奖励、惩罚都有用和持久。

儿子一直是个喜爱学习的孩子，但到了初二他的学习兴趣大减，并经常闹情绪说"学这些有什么用，不就是为了考试嘛"，学习成绩下降。我和他爸爸都很着急，软的硬的都说过了，可是不管用，请问该怎么办？

● 创设使孩子愉悦学习的支持系统

其实每个孩子在自己的学习生涯中都会出现这样的情绪低潮，我们做父母的不要着急，因为着急也没用，关键是要搞清楚孩子学习兴趣下降的原因。然后再帮他适度调节，激发他的学习热情。

初中是孩子成长的一个比较关键的时期。课程难度增加，会让孩子对学习产生畏难情绪；同时孩子青春期来临，生理和心理也都面临着一个很大的变化，他的情绪起伏波动也会较大。还有，这个时候的孩子社会交往也开始了，他的兴趣和爱好也丰富多彩起来。诸多因素，都可能会让他的学习兴趣减弱。关键是这个时候父母不要焦虑，而是做孩子的好朋友，和他一起面对这个特殊的时期。

好奇心和求知欲是每一个孩子的天性，那么学习自然也应该是能够被他们所接受的一种爱好。但是为什么有时候孩子会出现厌学的情绪？其中一定有原因。父母不要软硬兼施地去强迫孩子，而是先以理解的心去了解孩子，然后再去和孩子一起解决问题。这是解决孩子的问题较为通用的一个大的原则，具体问题具体分析。

心理专家认为，如果孩子在此之前的"爱学习"，是在外力强迫之下的乖顺，而不是因为自己在其中感受到了愉悦，不是源于他自身的内在动力，那他的学习动力很容易受外部因素的影响而减弱。**小学是让孩子把学习当成爱好和乐趣的关键时期**，如果小学阶段父母和老师把注意力集中到孩子的学习成绩上，孩子到了中学就很难在现在的教育方式中，发展出一套自我适应和获益的独立的学习方式，厌学现象也会随之出现。要让孩子在中学阶段愉悦地学习，关键要在 15 岁以前让他能够有丰富的兴趣和爱好，并能在兴趣的引导下做一些"工作"。孩子如果在小学阶段没有从学习知识的行为中获得快乐，那么到了十四五岁的时候，当学习压力增大，他就很容易出现厌学情绪。关键是要看他在使用什么样的模式学习。

现在孩子的学习压力普遍较大，学校和老师都在强调学习和成绩。其实，没有一个孩子不愿意、不希望成为成绩好的孩子。父母要合理地疏导、减轻孩子的学习压力，尽量不要把精力放在孩子的名次和成绩上，而是关注他的学习过程、感受和如何养成有效的学习方法上。不使孩子对学习产生畏难情绪，保留持续的学习热情。

我们生存的知识系统和技能，更多的是在大学时期获得，而在小学和中学是培养对学习的愉悦感和有效的学习方法的时期。所以，在小学、中学阶段，不要让孩子过度劳累，要根据孩子爱玩的天性来因势利导，寓教于乐，要让孩子自己选择学习，并奖励孩子的学习欲望，使孩子得到学习的快乐和优势感。

学习不是孩子的工作，也不是孩子的负担，让我们改变对"学习"概念的认识，为孩子创设使他愉悦学习的支持系统，就等于在孩子的内心安上了一个热爱学习的发动机。

没兴趣是新兴趣的开始

德国 19 世纪曾经有一位神童——卡尔·威特，他 8 岁时就精通德语、法语、意大利语、拉丁语、英语和希腊语六种语言，并且通晓动物学、物理学、化学，尤其擅长数学；他 10 岁就进入了大学，14 岁被授予哲学博士学位，16 岁获得了法学博士学位并被任命为柏林大学的法学教授，23 岁发表了《但丁的误解》一书，成为研究但丁的权威，其后一生都在德国著名的大学里授课，传播他的思想和智慧。就是这样的一个人，在他小时候也曾经对学习没有兴趣。这个时候他的父亲对他的引导对我们很有启发。

有一段时间，他的父亲发现他学习没兴趣，而且经常捧着书本发呆。他的父亲没有马上责怪他，而是问他为什么会走神。孩子说："我一直对学习很感兴趣，可是最近我总在想，我学那么多东西有什么用呢？学木匠可以做家具，学铁匠可以造农具，但我学那么多语言和诗歌，能做什么呢？"听了卡尔的话，他的父亲心里产生了一种欣喜，因为他觉得孩子在思考更深层次的问题了，而这又是对他进行随机教育的好机会。他首先肯定了卡尔的想法，然后又很风趣平和地说："如果没有数学你怎么计算盖房子需要多少材料？没有文学没有审美知识，你怎么造出漂亮的房子？儿子，好好记住，诗歌、文学、绘画、音乐、哲学，都是人类智慧的产物，是世界上最美好的东西，你可以不当外交家、翻译家，但如果你掌握了这些知识，再做一个木匠，天哪，你造出的房子该是多么美啊！"

听到这里，卡尔的眼里散发出喜悦的光芒，心中的疑惑完全解开了。他的父亲激发的是孩子自身内在的需求，这种源于内心的力量，比多少外在的批评、教育、奖励、惩罚都有用和持久啊。

我们做一个假设，假如卡尔的父亲发现孩子走神，就着急着批评孩子："怎么好好的，突然就不想学了？真是个小浑蛋，整天想东想西。怎么这么没出息？叫你学习是为了让你当木匠当铁匠的吗？好好看书，再胡思乱想我打断你的腿。"这个时候的效果会怎么样呢？不但失去了一个教育孩子的良机，也伤害了孩子的自尊心，连孩子本身的求知欲都在顷刻间被抹杀掉。

● ● ● ●

从一个新的角度， 去看待孩子的淘气

> 允许孩子少许的叛逆和不完美吧，走过这一步，说不定这个让你操心烦恼的"孩子王"，就成了让你自豪的好男儿。

儿子 8 岁，非常淘气，经常打碎家里的东西，和小伙伴玩耍时也经常把小朋友弄哭，可他身边还是一直有一群小朋友围着他，像个孩子王。我和丈夫管教方式不一样，我倾向于和平型的，可我丈夫严厉到有时候用"武力"解决问题，但效果甚微，为此我们经常发生争执。请问，对这样的"皮孩子"该怎么办？我和丈夫怎样才能统一起来给孩子好的教育？

● 从自己的家庭去着眼观察孩子的性情

一般来说，父母对顺从、依赖的乖孩子更容易接受，而对那些具有较高的侵略性、活跃好动、充满好奇心、喜欢独立探索各种事物的孩子却比较难以接受。而我认为，恰恰是这些孩子身上有着很大的自我成长的潜能。首先父母不要给这样的孩子下定义，用"淘气包""麻烦大王"等评价和武力式的教育方式，会让他更加对抗和叛逆，甚至他会以敌意的行为来回应父母的付出。**其实，孩子叛逆的不是父母，而是父母行使的"权力"**。孩子的某些行为在一定程度上受父母性格因素的影响，如果父母从孩子出生就把他当作一个完整的人来尊重，轻声细语地沟通，而不依赖于武力、呵斥等权力的方法来影响孩子，孩子的行为也就会较少带有武力和冲动。

父母如果能够从自己家庭去着眼观察孩子的性情，而不是仅仅看待孩子本身，可能会对孩子有更为客观的认识。你可以注意一下你的丈夫和你们家的男孩，在这个年龄到底是怎样的。你们的家族史上可能有一个男孩比你的儿子还淘气，那看看他今天怎样，是好还是不好。如果他的情况很好，就问问他的父母都做了什么，如何让一个淘气的孩子回归正道。当然前提是要有血缘关系的。

● 差异性教育可能为孩子提供更多的成长机会

至于父亲和母亲对孩子的教养方式是否相同，我觉得倒不是问题。两个人的不一样，如果是侧重点不同，可能还是一种互补。如果是基本的教育观念不一样，也没关系，只要两个人互相支持，互相欣赏，别互相拆台，在孩子那里也不会有冲突和矛盾。母亲用温和的教育，父亲用严厉的教育，父母彼此会相互欣赏。就怕妈妈说，"你看你这个脾气，就像你爸爸。"爸爸说，"我看你就是你妈妈惯的，看我怎么收拾你。"孩子从父母的差别里首先看到的是不好的东西，是他们的不团结，不协同，孩子在中间被两股力量在拔河，你想他内心怎么会没有冲突和破碎？

父母不要以为只有青春期的孩子内心才会有冲突，孩子的"精神胚胎"是随着他"肉体胚胎"的发育而来的。从出生的那一刻起，他就有了心理活动。父母在管教孩子上达不成共识，因此会产生"分歧管教"的问题。这个问题很严重，意见分歧的父母为了统一而发生的争执和冲突，不但无法给孩子良好的教育，也不能够给孩子内心所需要的整合，让孩子的心因矛盾而支离破碎。

相反，**如果父母保持各自教育的方式，虽有所不同但却互相支持，这种差异性教育，要比两个人都一致的教育，孩子得到成长的机会更大，他会在多重教育思想、多重方式中获得齐头并进的成长。**

当孩子说妈妈时，爸爸就说："妈妈是妈妈，她要怎样教育你什么，爸爸不管，爸爸用自己的方式教育你。"（前提是这种方式得是要科学啊）如果孩子跟妈妈说爸爸，妈妈也会说："爸爸是男人，他用男子汉的方式对你，你得顶得住，你现在是小孩，将来就是男子汉。"这时，不一样就是一种合力。就看夫妻两个人怎么配合。

孩子的成长是一个漫长而复杂的过程，影响孩子的因素会很多，孩子在每一个阶段的成长表现也不会全部合乎我们的心愿。允许孩子少许的叛逆和不完美吧，走过这一步，说不定这个让你操心烦恼的"孩子王"，就成了让你自豪的好男儿。

回答你的这个问题时，我想起我在网上看过的一部电视纪录片《小人国》，是北京师范大学从事教育学的老师跟踪一个幼儿园里的孩子三年，拍出来的纪录片。里面有个叫池亦洋的孩子，很像你的儿子。有时间的话你可以看看老师是怎样"对付"这个"孩子王"的，我想可能会对你有所启发。你会从一个新的角度，去看待孩子的淘气。

相信你的孩子，成长总会有奇迹发生！

····

孩子是问路的客人，请多些耐心和技巧

> 孩子在问"为什么"的时候，内心有一种强烈的求知欲，内在学习动力十足，对各种信息的接受也就越好。

3 岁的儿子仿佛对什么都充满了好奇，总是不停地问"为什么、为什么"，有很多甚至是根本无法回答的问题。好不容易费尽心思找了一个合适的答案给他的时候，他总会再接上一句"为什么"，我都快让他问疯了。我知道他正处于一个对世界充满求知欲望的年龄阶段，因此也总是尽量地回答他的各种提问，但他每天无休止地问这问那，实在让人受不了，请问该怎样面对这样的孩子呢？

◉ 孩子是问路的客人，请多些耐心和技巧

因为姻缘，一个新生命来到了我们的身边。他对这个陌生的世界充满了好奇，那些千奇百怪的提问，是他对这个世界探究的一种方式。伴随着他的成长，会一个一个地逐步消失。但这个过程，对父母、对孩子都是很宝贵的。

我到现在想起孩子小时候问的那些问题，还会有一种只有妈妈才有的回忆幸福弥漫在心间。"妈妈，小猫为什么不穿鞋？""妈妈，小狗为什么不去幼儿园？""妈妈，花儿为什么没有手和脚？""妈妈，汽车为什么有轮子？""妈妈，是谁在鼻子上挖了两个孔？""妈妈，鱼儿为什么不能在地上走？""妈妈，爸爸为什么有胡子？"现在想起这些让人忍俊不禁的问题觉得是幸福，

当时也是耐着心烦才能面对的呀！

孩子是问路的客人。对孩子来说，提问是一件很正常的事情。孩子的生活环境是由大人控制着的，同时各种的信息流也是成人控制着。孩子一生下来，甚至还在妈妈肚子里时，我们就和他交谈了。但他听到的、接触到的都是陌生的，好奇心因此而生。幼儿是随着身心的发展而逐渐成长起来的，他们以自我为中心，对周围事物产生强烈的兴趣并提出各种问题来满足自己的好奇心，促进大脑的发育。在心理学上，一般将幼儿乐于提问的阶段称为"提问期"，在这个时期，如果父母能够根据孩子的发育水平和理解能力回答孩子的问题，同时体察到孩子问题的真正用意，回答问题就成为父母教育孩子、传授知识的一个很好的机会。因为孩子在问"为什么"的时候，内心有一种强烈的求知欲，内在学习动力十足，对各种信息的接受也就越好。

通常2～3岁的孩子会指着身边的事物询问它们的名字，如"这是什么""那是什么"，这被叫作"第一提问期"。而4～5岁的孩子则常用"怎么回事""为什么"等方式来询问更深层次的问题，这被称为"第二提问期"。

● 回答孩子问题的原则和技巧

尽管孩子的问题千奇百怪，但他提问的动机不外乎有六种：一是处于对某件事情的关心；二是希望给大人建立话题；三是出于自己的好奇心；四是出于学习语言的快乐；五是想要通过提问来引起大人的注意和重视；六是由于心里有不满情绪想要反抗。在孩子的问题中涉及的事物大致有：各种生物、各种机械工具、自然的变化、家庭生活、天体气象等。

父母不要用幼稚的语言回答孩子，要用规范的语言教他各种东西和事物的名称、词汇。父母回答孩子的问题，能很好地促进孩子的语言能力和好奇心的发展。孩子听不懂也要这样做，因为他是通过模仿和听来学习语言的。

不要觉得孩子问的问题幼稚，随便敷衍孩子，但也不要急于向他灌输太多的、甚至他还不理解的知识。给孩子的答案要与孩子的智能发展相适应，尽量用孩子能听得懂的话语去解答，不要太复杂，否则会影响孩子提问的积极性。

给孩子解答问题，不要说那些父母自己都不确定的、似是而非的知识。对孩子的问题尽量当场回答，如一时回答不了，要跟孩子坦然承认："这个妈妈也不懂。"可以和孩子一起看书、查资料。孩子小看不懂不要紧，他跟着父母去体验翻书的感觉，看父母查资料的样子，就学会了追求知识的途径，体验到了其中的乐趣。

利用孩子好奇的心理和强烈的求知欲教给孩子观察事物的方法，并尽可能地用正确的知识解释孩子的每一个问题，尤其当孩子问到关于性方面的敏感问题时，不要胡编乱造一个答案来搪塞孩子。

试着和孩子讨论问题，也许不要马上告诉他答案，这样有利于孩子的独立思考，他的问题就会越来越成熟。同时根据孩子的兴趣，教给孩子一些自己寻求问题答案的能力，锻炼和拓展孩子的探索能力与范围。

当然，孩子的提问往往会一开始就收不住了，特别是他想引起大人注意、想激怒父母发脾气、想逃避某种处境的时候。他如果是为了不去做大人让他做的事情，会不停地问"为什么我非得现在去睡觉""为什么我不能动那个东西"……你的指示就要非常简单明确，说"你必须上床睡觉了，因为到了睡觉时间了"。如果他不停地问"为什么"是为了纠缠、引起妈妈关注，可以不动声色地忙自己的事情，把他置之度外，不要哄他，也不要被他逗笑，重复最初的说法，事先做好不对孩子发怒的精神准备。也可以限定孩子提问的时间。比如对他说："你还有 5 分钟的时间。5 分钟之内问什么都可以，5 分钟之后，我就要休息了。准备好，开始……"

孩子早晚要长大，那些个"为什么"势必随着他的成长，成为他自己手中去开启新世界的钥匙。当我们捧着一颗欣慰、不舍、祝福的心，看着他远行，那些个"为什么"也成了我们为父为母的温暖记忆……

●●●●

单亲家庭的孩子也能快乐成长

> 离婚后的父母，要有能力重建自己的生活，给孩子示范和创设一个充满希望的新生活。

　　我是一个单身母亲，一年前离婚，一个人带 3 岁的女儿生活。物质生活还过得去，就是精神上感觉欠了孩子的。请问如何让孩子在不健全的家庭中健康快乐地成长？

● 家庭结构变化对孩子的影响

　　现在单亲家庭的确比较多，不少的朋友也多次问过这个问题。尽管在现代人的观念中，离婚已经不像过去那样难堪和痛苦，但我认为，对于孩子来说还是一种不幸，当然这种不幸我们可以化解，但我们应该意识到，孩子的心中，会因为父母的分离，有我们成年人不知的痛，只是他可能不表达或者不会表达罢了。

　　安全感是一个人很重要的情感需求。小孩子的安全感来自父母的爱和呵护，还有一个稳定的生活环境，这个环境中包括家庭成员的稳定。如果家庭结构变化了，这对孩子来说是个考验。事实上，不管你将来的生活怎样，孩子的世界已经变化了。

　　记得朋友跟我说过，她女儿小时候和邻居的一个小孩玩，那个孩子不停地对朋友的女儿炫耀她家有什么样的玩具，最后朋友的女儿比不过人家，就使劲想，然后很认真地大声说："我家有爸爸妈妈。"当时旁边的人都笑了，只有朋友的一个同事（当时他已经快 40 岁了）说："这是一个孩子心中最宝贵的财富了。"他就住在我朋友的楼上，以后聊天时说到这件事，他说的一句话让我和我的朋友很感慨，他说："我父母离婚时我才 5 岁，从那以后我就觉得在同伴面前再也没有了炫耀的资本。"这对一个孩子是多么残酷啊！

每个人都爱自己的孩子，什么是爱？能够给他他想要的，就是爱！一个孩子最想要的不只是玩具和好吃的，他更想要的是爸爸妈妈在身边，爸爸妈妈是一家人，陪他一起成长，他会觉得安全而有依靠。婚姻不幸是大人的痛苦，但孩子永远是无辜的。我们如果惜福，就努力为孩子建立一个安全稳定的家。但如果命运已经让你承受了婚姻分裂的痛苦，那自己只能用坚强和反省去承担痛苦，对孩子则用爱心和理解去化解她心中的结。

婚姻解体对孩子来说肯定是一次成长创伤。我比较关注的是，父亲的缺席会给孩子心中留下什么阴影？尤其是一个女孩子，如果 3 岁就没有父爱的陪伴，她的内部情感的缺失，很可能会影响到她将来的婚姻生活。这是你作为单亲妈妈需要关注的。可以看看这方面的书，必要的时候也可以求助心理专业人士，努力不让婚姻解体在孩子内心留下阴影。

当然，孩子也不是稳定婚姻的工具，处于不幸婚姻中的孩子，与其生活在婚姻的争吵、冷漠中，不如在经历创伤之后重新生活在阳光和温暖中。**离婚后的父母，要有能力重建自己的生活，给孩子示范和创设一个充满希望的新生活。**

● 不在孩子面前诋毁对方

不管离婚的原因是什么，也不管是谁对谁错，单亲妈妈或单亲爸爸一定要做到，不要在孩子面前诋毁对方，增加孩子对对方的痛恨。因为在孩子心目中，爸爸妈妈都是她的亲人，她还不能够理解，婚姻感情怎么会出现这样的局面。所以，应该告诉孩子，爸爸妈妈虽然分开了，但爱她没有变，爸爸妈妈还像以前一样全心地爱着她。不要阻止孩子和父亲的见面，如果是父亲放弃对女儿的义务，那也不要把情绪和怒气在孩子面前表现出来，等她长大以后，她会懂得妈妈的付出。

● 母亲快乐孩子才快乐

你一个人带着孩子生活，可以想象到你的辛苦，从你提的问题我也能感觉到，你在努力消除不健康婚姻对孩子造成的伤害。你爱孩子，**既然无法给她一个健全的家，但可以让她生活在快乐和健康的生活中，前提是你自己必须是一个坚强乐观的母亲**。其实母亲对女儿的心理、情绪影响很大，只要你从婚姻失败的阴影中走出，让孩子每天看到一个微笑着面对生活的母亲，相信她也会感到温暖。

另外，你尽量去扩大自己的生活圈子，多陪孩子去接触大自然和其他的人，不要总是两个人在家里。让孩子生活在开阔的环境和丰富的友情中，美丽的大自然是孩子的好朋友，还有你的朋友，她自己的小朋友，都会给她带来快乐，都能淡化她因为父亲不在而感到的孤独。

还有，你的孩子才 3 岁，你一定还很年轻，大胆地去寻找你新的幸福，重新建立一个健康快乐的家庭，让幼小的孩子重新享受健全的家庭生活。这是你对自己的爱，也是你对孩子的爱。

祝福你，也祝福你的女儿。相信一切都会好起来的。

●●●●

搬家后， 关照好孩子的心

> 我们要认同、理解、接受孩子的情绪，先处理情绪，再处理问题。做父母的不但要关注孩子身体的发育、成长，更要去关注孩子心理的健康成长，他的未来生活才会幸福和安宁。

因为工作原因，我和丈夫经常变换住址。在南方住了两年又到北京，然后又定居济南。儿子今年 5 岁，这次换地方他好像特别不适应，尤其整天想他在幼儿园里认识的好朋友菲菲。有一天要求我和他上山，我问他："干嘛去啊？"他说："我要在山上大喊'菲菲我想你！'"我说："你再给他打个电话不就行了？"他带着哭腔说："那不管用，我就是想喊他。"听了他的话我心里酸酸的。请问，经常搬家是不是会影响孩子的心理健康？怎样疏导孩子的情绪？

● 孩子喜欢安全和熟悉的感觉

你的儿子是一个内心丰富，很重感情的孩子。这样的孩子往往也比较敏感，所以，不断变化的家庭住址以及周围环境、人员的不同，可能会给他带来一种不安定感。他对菲菲小朋友这种很粘连的感情，也是他渴望一份固定、有安全感的友谊的体现。

你的问题让我想起那部获奖的电视纪录片《小人国》中那个 4 岁小女孩。这个小女孩新转了幼儿园，新幼儿园里只有一个她熟悉的邻居小男孩，于是，一年四季，不管刮风下雨下雪，只要她到幼儿园看见那个小男孩还没来，她就执著地在院子里等待，直到那个小男孩到来。与其说那个小女孩是在等待邻居小男孩，不如说她是在等待在那个陌生的环境里给她安全和熟悉的一种感觉。这种感觉让她忘记寒暑，沉迷而执著。我想，她的这种让成年人都很感动的等待和执著，和你的 5 岁儿子因为想念菲菲而要去山上大喊的举动，同出一理。

当然，这也属正常。孩子和成人一样，都喜欢一个相对稳定的居住环境，希望周围都是熟悉的人，有知心的朋友，这样内心就不会孤独。所以，如果条件允许，我们还是尽量给孩子一个相对安全稳定的家庭结构和居住环境。但迁移又是现代人最常见的生活方式。为了梦想，我们从一个城市移到另一个城市，甚至从一个国家移到另一个国家。有的把孩子留在自己父母的身边，做"留守儿童"；有的虽然把孩子带在身边，但迁移和与旧环境分离的焦虑，依然会对幼小的孩子产生影响。

● 打好"预防针"，认同孩子的情绪

既然是现实，我们就得接受，同时要有一些相应的补救措施。比如针对你的情况，你首先得认同儿子的情绪。每次搬迁之前，可以给孩子打打"预防针"："宝贝儿，因为爸爸妈妈的工作有变动，咱们又得搬家了。我知道你舍不得你的小朋友，会想他们，不过没关系，如果你想他们，妈妈可以陪你回来看他们（如果实在不可能就不要许诺），你也可以经常给他们打电话。还有，到了新的环境里，你还会认识更多的人，他们也会成为你的好朋友。"让孩子在心里有个思想准备。

当孩子表达他的想念时，妈妈尽量别在孩子面前表现出内心难受或者内疚的样子，也不用跟孩子辩解理由以减轻自己的内疚，只要表达出你对他的理解就可以了。这时，你可以摸着孩子的头或者把他揽在怀中对他说："宝贝儿，我知道你心里很难受，很想菲菲，等会儿妈妈和你一起上山，使

劲儿喊，让菲菲听见，好吧?"然后，如果时间允许，你就真的带孩子去山上让他喊出来，他需要这种宣泄。

儿童的心理类型在他能够做出行为之前就已经形成了。婴儿成长的起点不是在身体方面，而是在精神方面。也就是说，我们不要认为一个小孩子就没有丰富强烈的情感，**成人所具有的情感和情绪，在一个小小的婴儿身上同样具有**。所以，**我们要认同、理解、接受孩子的情绪，先处理情绪，再处理问题**。先让孩子把内心长时间积聚的一种想念之情宣泄出来，不要让它在心理上成为负性情绪潜伏下来。然后，再多带孩子去认识新的小朋友，多跟新环境里的人接触。

时间会疗愈一切，可孩子脆弱而丰富的心灵，需要我们做父母的时刻关注，需要做父母的怀着谦虚的耐心，倾听接纳孩子的情绪，帮助孩子说出他不会表达或者不敢表达的情绪。比如"我知道你很生气""我知道你很难过""我了解你现在很害怕""我能感觉到你为这件事情很沮丧"等，这叫"命名情绪"。要知道很多时候，不是问题在困扰着孩子，而是情绪在困扰着孩子，这个时候，孩子最需要抚养者能够了解他的情绪，知道原因所在，就知道怎样处理了。

我们做父母的要有解密孩子心理的能力，这种能力来源于我们能为了爱成为谦虚的学习者，把孩子作为一个有情感的人来尊重。这是我们父母的成长，是和孩子一起的成长。在这种成长中，我们不仅会给孩子阳光般温暖的幸福，也会打捞回我们自己内心久违的童真和单纯。

不要当着孩子的面去贬低批评他的朋友

> 孩子的行为规则是从两岁左右开始训练的，父母对他做事的鼓励等都有利于强化他的自控能力，错过规则形成的关键期，之后的"管教"就比较费劲了。

儿子 9 岁了，之前很听话，从来不会跑出去玩，都是在家附近玩，学习也还不错。自从去年邻居家来了一个和他差不多大的小孩子后，他就天天想着和小朋友一起玩，而且每次都要到很晚才肯回来，有时我们还要到处找他。后来我们搬家了，可是他还是天天跑出去找原来那些小朋友玩。我们每天晚上都要出去找他回家睡觉，而且他经常偷偷地跑出去玩，喊他不听，打他也没用。学习没以前用功了，老师都说他有点懒散了。现在我发现他有点爱撒谎了，但我没有揭穿他，只是和他爸爸说了这事。

我很担心他会跟外面的小孩学坏，也不知该做些什么，也不可能把他关在家里不让他出去吧！真是很困惑：我要做些什么才能教好儿子呢？

● 了解孩子，"望闻问切"

我理解作为一个妈妈的担心，但男孩子八九岁以后正是聚群儿的时候，他喜欢和小朋友一起玩也很自然。每到周末晚饭后，我家楼前这个年龄的男孩子聚了一大群，而在三四年前，他们都还是跟着自己的父母，彼此互不理会呢！

这是一个事实，我们做父母的不得不认可，那就是从此以后，孩子的独立性越来越强，离父母的怀抱越来越远，我们必须允许并鼓励他去结识自己的朋友，有自己独立的选择和自由空间。

当然这样并不是意味着放任孩子不管不问，但是管要管到点上，问要问得恰切。做到这点，父母必须真正了解自己孩子的特性，然后有针对性地进行"随机教育"。摆出一副教育的姿态，往往孩子是不愿意接受的。这是一种艺术，需要父母面对不同的孩子随时解决不同的问题。这样说看起来太概念化，但这是和孩子相处的一个基本的原则。我觉得**父母要用中医的方式面对孩子的问题（望、闻、问、切），而不是西医的方式（哪疼医哪）**。

所以，首先要了解自己的孩子，他这个年龄的心理特征，他自己的想法，他都是和谁在一起玩，他在和那些小朋友玩的过程中都得到了什么快乐……这些问题是父母必须知道的，但怎样才能知道可不是硬逼出来的，需要和孩子沟通相处的艺术。从你的描述中，可以感觉到你的孩子在这之前是一个比较乖的孩子，不知道你们提供给他的生长环境是否丰富多彩？是否和外界有足够多的联系？如果在这之前没有，那么一个 9 岁的男孩，一旦遇到了能带给他与以前的生活不同的精彩的人和事，往往容易流连忘返。

要侧面地了解清楚跟你孩子玩耍的小朋友的情况，包括家庭背景、行为方式等，再来判定对方是否是好孩子，不要当着儿子的面去贬低批评他的朋友。可以侧面打听，也可以和自己的孩子聊聊他们在一起玩的情况，让孩子觉得你对他们的玩耍感兴趣而不是反对，这样你才能了解到真实的情况。

● **建立内在规则约束力**

孩子的行为规则是从 2 岁左右开始训练的，从这个时期，成人引导帮助他在吃喝拉撒睡玩中，逐步自然形成一种秩序，父母对他做事的鼓励等都有利于强化他的自控能力，错过规则形成的关键期，之后的"管教"就比较费劲了。如果之前父母规则太过严厉，他做了乖小孩，但也没形成内在规则约束力。到他 9 岁时，他已经拥有了一套如何获得欲望满足和如何对付大人的技巧，你喊他打他不但很难奏效，却会使孩子的反抗更加顽强和执拗。孩子要有自己的玩伴，切不要以大人的观点去强行限制孩子的玩伴，你可以像孟母那样三迁，却不要强行限制。孩子对父母撒谎，一般是因为他觉得他做的事情父母会反对，或者是父母虽然没反对但也是他们的观念里不认可的。所以，打骂不是好办法，把他关在家里也绝不是解决问题之道，最好的办法是疏导。

● 多参与孩子的活动，拓宽孩子的世界

父母当然不能放任不管地使孩子不加选择地和任何一个孩子在一起玩。好孩子和好孩子在一起玩，也未必就一定能让孩子越来越好，更何况还可能是有坏习惯的孩子呢？卡尔·威特在他的教育书中曾经说过，"好孩子的习惯很难通过玩耍传给坏孩子，多数情况下只有坏孩子的习惯非常快地传给好孩子。这是因为学习好习惯是需要努力和自我控制的，而坏习惯却无需任何努力就会沾染上。"他曾经给他的儿子选了两个接受过很好教育的小女孩做玩伴，他的儿子和她们玩得也很愉快，可是不久他就发现儿子开始任性和说谎，还自以为是和骄傲了。卡尔·威特通过观察他们玩的过程发现，原来这两个教养很好的乖女孩什么事情都顺着小威特，最后他就自己有目的地带着童心去和自己的儿子玩，结果更好，那是因为老威特找到了儿子喜欢和他玩的事情。所以，针对你孩子的情况，你不妨和孩子的爸爸商量一下，找一些你们能和孩子一起做的事情，陪他一起参与那个过程，一是转移一下他和那些小朋友玩的专注心；二是在这个过程他能感觉到父

母的陪伴，让孩子也能把父母当做是他的朋友。

　　另外，多带孩子接触不同的人不同的世界，分散一下他的注意力，带他出去参加一些活动，让他见多识广，他就不会迷恋于一个小孩或者一个小团伙。我过去在教育孩子的时候经常用"暗算"的方法，来纠正孩子成长中的一些问题。比如，发现儿子青春期开始喜欢一个女孩子，就不动声色地带他参与更多的社交活动，结识更多的人，包括更多的女孩子。如果父母发现孩子的小伙伴儿给孩子的成长带来不良的影响，也不要直接当着孩子的面，去贬斥、批评孩子的朋友，动个心眼儿，去找另一件孩子很感兴趣的事情转移他的注意力，带他去认识其他的小朋友，结交新的友谊。

　　"暗算"总是和真挚的爱相联系。不管是为了调动孩子的潜能，还是为了纠正孩子的某些行为，都要了解孩子的心理和性格特点，才能做到"随风潜入夜，润物细无声"。

●●●●

不恰当的帮助阻碍孩子的独立

> 让孩子独自做事或者妈妈协助孩子做事的过程，就是从妈妈这里把孩子独立出去的过程，是生命正常的代际心理剥离。

女儿 10 岁了，是个很聪明的孩子，可就是独立性太差。不说在家里的饮食起居，连早上的书包还得让我帮着收拾，请问该怎么办？

● 不恰当的帮助阻碍孩子的独立

看了您的问题，我想，您肯定是个非常勤快能干的妈妈，聪明的女儿才知道"啊，我这个妈妈无所不能，什么都可以帮我做，我就懒点儿吧"。要知道，孩子可是个小鬼精灵啊！

生活中有很多事情是孩子可以自己做的，就是由于身边有可以依赖的人。成年人不恰当的帮助或者训练，阻碍了孩子解决问题能力的增强。

您应该听说过狐狸妈妈的故事吧？曾经很爱很爱孩子的狐狸妈妈突然有一天不让小狐狸们进家门了，它像发了疯似的对小狐狸们又咬又追，非把它们一个个从家里赶走，为的是让小狐狸具备独立生存的能力。

还有一个故事发生在我朋友孩子的身上，她的女儿已经 12 岁了，有一天她实在没有时间回家给孩子做饭，就告诉孩子家里有什么，可以怎样做，结果孩子很不高兴，一再说："我不会做，我不吃了。"我的那位朋友就和孩子"斗"了一下"智"，说："那你就饿着吧。"然后估计孩子"饿"得差不多了，就赶回家。结果你猜怎样？除了妈妈早已经做好的排骨，她女儿自己添了一个西红柿炒鸡蛋、一杯果汁、一碗米饭（从街上买来的），正一个人听着音乐，吃得津津有味呢！

你看，孩子的独立性就是这样被逼出来的。所谓的"独立"就是通过自己的努力，不需要别人帮助就能把事情做好。我们养育孩子的最终目标就是这样。

所以，我觉得您首先得想想：从孩子小时候开始，您是不是把许多本来孩子能做的事情，自觉或不自觉地代劳了呢？比如吃饭、睡觉、玩耍等，是不是都是在大人的安排下进行的呢？如果她是这样长大的，那么10岁的她还不愿意独自做自己能做的事情，也就很自然了。

● 培养孩子无意识自主解决问题的习惯

孩子从他能够支配他的身体器官开始，比如手拿东西腿走路，他就已经具备了"工作"的热情，这个"工作"是他内在成长的需求，不需要成人外在的规则要求，他就情不自禁地去做。你看两岁以后的孩子经常是大人做什么，他就跟着做什么。你擦地，他也要拿拖把；你洗碗，他拿筷子；你择菜，他在旁边忙着揪……这样做似乎是一种本能。在动物界，我们很少看到一只小动物做一件事情有困难时，它的妈妈会去帮它解决问题。可是，当孩子们遇到问题时，我们却往往看到，父母们不等孩子们寻求帮助就上去帮忙了。仔细观察一下，其实，如果没有成人的主动帮助，那些孩子都会自己试着去解决，只是在实在没有办法时，才向大人求助。这个时候，孩子有内在需求，父母的"帮助"就成为他自己解决问题的助力。父母如果说"让我们一起来解决"，孩子就会专注地从大人那里学习解决问题的方法，还可能创造性地使用大人的方法，这也是养成他无意识自主解决问题习惯的好机会。这时，父母就不能为了"培养"孩子独立解决问题的能力，对他说"你自己解决"，他反而会哭着说自己做不了。因为幼小的孩子意识不到这个问题由谁来解决，他的潜意识中自己和妈妈是一体的。让孩子独自做事或者妈妈协助孩子做事的过程，就是从妈妈这里把孩子独立出去的过程，是生命正常的代际心理剥离。

所以，**要有意识地培养孩子无意识自主解决问题的习惯。这个要在他幼年有了"工作"欲望的时候开始**。在他蹒跚学步时他跌倒，如果没有危险就不要去扶他，让他自己爬起来；自己能用手拿到吃的食物，不要怕他弄脏了衣服而替他去拿；在他自己穿鞋却把鞋穿反了的时候不要急着去纠正他……在他逐步长大后，更要放手让他自己去探索解决问题的途径，这个过程对他终生有益。长期不自己解决问题的孩子，长大后容易丧失解决问题的能力和自信，产生和存在的问题不匹配的情绪，他就会以发泄情绪而不是用智慧的方法去解决问题，结果是破坏性的。而那些长期有能力解决问题的孩子，长大后遇见问题，他会知道自己能否解决这个问题，他的自信足以支撑他不以破坏性的情绪对待遇到的问题。这个习惯的养成是一个实践的过程，非语言的示范比言语的教化更有效。

● 让孩子体会自我努力的快乐

任何关系一旦形成，就有可能产生惯性。孩子从小习惯了和妈妈的关系是妈妈作为照顾者，那妈妈不妨试着在孩子没有觉察的情况下，换一下自己的角色，比如，经常让她帮助妈妈做点事情，如果她不愿意，就和颜悦色地跟她说："那你怎么什么事情都让妈妈帮助啊?"她的内心会有扰动，有扰动就会有思考和内省，她再让妈妈帮忙时就不会觉得理所当然了。

还可以妈妈故意犯错，让孩子帮助纠正。比如，帮她收拾书包时故意不把她的作业本放进去，让她到学校难堪一次，她对妈妈的依赖信任就会产生动摇。不管她回家是否高兴，你都要很诚恳地"认错"。妈妈多犯几次这样的"错误"，哪天孩子就会不耐烦地说："算啦，不用你了，我自己装。"看，目的达到了。家庭是个能量场，妈妈的能量减弱了，孩子自立的能量就增强了。

要让孩子体会自我努力的快乐。尽量多地让他自己独立去完成他的事情，不要过多地去干涉孩子，就是给他独立的空间，就能激发他的创造性。不要没有原则地给予和满足孩子。简单地给予，会使孩子体验不到自己争取的乐趣，慢慢地他会把父母的给予和帮助，看成是理所当然的，依赖性就这样滋生了。一定让孩子享受到用劳动换取他想要的东西的满足感。

当然，也不要矫枉过正，为了锻炼孩子的独立能力，就把许多应该由大人去完成的事情也交给孩子，也尽量不要把过多的劳动交给孩子，因为在培养孩子独立意识和独立能力的同时，孩子还需要充足的时间为自己未来的生活作准备，这是他成长的权利。

我们的孩子像蒲公英的种子，一旦成熟，就会随风飞扬，到另一片土地去发芽、生根。不管我们曾经多么深深地爱他们，他们仍然会走向自己的人生。让我们在跟他们说"再见"之前，把家庭这个孩子的摇篮和港湾，当成培养他们适应社会和未来生活的训练场吧。

●●●
每个年龄的孩子都有自己的恐惧

> 不要在孩子恐惧的时候，简单地用语言教育他"做个勇敢的孩子"。

女儿今年 6 岁，可她特别胆小，晚上天黑时不敢出门，和妈妈在一起也是紧拽着妈妈的衣服；晚上哪怕一会儿也不敢一个人在家，妈妈去门口的超市一刻钟也不行；烧着的水开了，也不敢上前关掉炉火；做什么都小心翼翼的。很担心她这种怯弱的性格不利于以后的成长，怎么才能培养她的勇敢？

● 每个年龄的孩子都有自己的恐惧

对很多孩子来说，6 岁是一个充满恐惧的年龄。怕黑、怕妖魔鬼怪、怕狂风雷电、怕单独自己睡觉、怕父母离开自己，都是列在首位的几种恐惧。但随着年龄长大，有些会消失，有些会在某一个年龄段变得极为严重。所以，父母对此多加关注并加以引导，还是必要的。

所有年龄的孩子都有自己的恐惧。比如 2 岁的孩子很容易被大的声音吓着，也正是从这个时候起，孩子们逐渐意识到自己的社会存在。随着年龄的增长，有一些会慢慢摆脱，但又会遇到新的恐惧。比如，有个一直很大胆的女孩子，在 8 岁的时候突然不敢一个人在家了，原因是她总是听见家里有异常的声音，过了几个月，又不害怕了。一般来说，八九岁孩子的恐惧就会少一些了，10 岁的孩子开始表现出更多的自信。但是也有些孩童时期的强烈恐惧，往往在孩子们长大成人后仍然"惊魂不散"。所以父母一定要帮助孩子建立自身的信心，克服恐惧，防止儿时强烈的恐惧心理发展成为恐怖反应。

● 弄清孩子恐惧的原因

首先想一想，孩子小的时候，家人是否为了制止孩子的淘气行为或让孩子听话，而借用别的事物恐吓过孩子？教育心理学研究证明：家人经常恐吓孩子，是造成孩子成长过程中过于胆怯的主要原因。比如，孩子淘气不听话的时候，家人会用"大灰狼""魔鬼""老虎"等词汇来吓唬孩子，使孩子对大人提到的事物产生畏惧心理。这样制止孩子哭闹的方式不利于孩子心理的健康发展，一是他的情绪并没有得到合理的宣泄；二是孩子的精神会经常因为家人的恐吓，处于紧张和恐惧状态中。然后，他就不仅对家长经常用来制止哭闹的各种"道具"产生畏惧，也会对其他很多事物产生畏惧心理，比如雷电、火、黑暗、其他小动物，甚至是毛毛草、棉絮等。

还有的父母过于宠爱孩子，担心孩子在尝试新事物的过程中受到伤害，经常限制孩子的很多活动，或者是代替孩子去做很多力所能及的事情。比如，孩子明明可以自己端着杯子喝水，家长却经常以"若不小心把杯子掉在地上会扎破手或弄湿衣服"为由，去替孩子端水喝；孩子踩着椅子取放在高处的物品，父母常以害怕孩子摔倒为由代劳……久而久之，孩子就会胆小怯弱，对什么事情都不敢、不愿尝试。要不怎么会有那句老话："胆儿是练出来的。"

还有的父母经常过于严厉地批评孩子，挫伤了孩子的自信心，无意中强化了孩子的"胆怯"。孩子怕做错事情受到批评，就不敢去尝试新事物，做事缩手缩脚，勇敢谈何而来呢？

另外，**父母自身对某一事物存有畏惧心理，经常对这种事物渲染，这种情绪就会影响到孩子。** 比如，一个妈妈很怕毛毛虫，见到毛毛虫就一惊一乍地跳起来，结果她的女儿见到毛毛虫时的表情，跟她几乎一模一样。有一个妈妈虽然自己怕毛毛虫，但为了不让女儿害怕，她忍住恐惧拿着一只毛毛虫放到女儿的手上，说："孩子，你看，它不伤害人的。"结果女儿长大之后就没有她对毛毛虫的恐惧感。

● 防止孩子恐惧加深的几个原则

避免孩子的恐惧发展到不可控制的地步，有几个基本原则。首先要确定恐惧是否和孩子的年龄相适应。每一种恐惧都有其典型的年龄特征。对孩子的恐惧不要掉以轻心，要了解孩子恐惧的每一种表现方式。很多 3～6 岁的孩子都怕黑，但要是怕到黑夜不敢睡觉、不敢离开妈妈的地步，就要好好关注。

另外，对孩子的恐惧不要做出过度反应，既不大惊小怪也不满不在乎。不管成人觉得怎样，都要在乎孩子的感受。可以说"我知道你害怕"，但别说："怎么跟小孩子一样啊？""烫不着你的，你怎么这么胆小？"你一不耐烦，孩子就把警惕性藏起来了，但那种不良的感觉并没有去掉。当然，也别过分地同情、安慰、关照。不要孩子一害怕，就把他搂在怀里哄个不停，这样会让他觉得危险确实存在。可以坦然自若地示范给孩子。比如孩子不敢关炉火，妈妈可以很坦然地去关上，并跟孩子说："我知道你害怕，但是，你看看妈妈这样做，没关系吧？"认同他的感受，但通过妈妈的实践，让他看见自己的"害怕"确实是他自己虚幻的一种存在。没必要讲一番"都是你自己想象的,并不存在"的大道理,让他看见你做就好了。这个时候,他自己的感受比大人的道理更能让他有所体验,说多了,反而会妨碍他用心去正确地感受。**被理论教育过多的孩子,对现实世界的感受能力都比较弱**,就是这个原因。

可以和孩子多在夜间做高兴的游戏。黑夜让很多大人也是深感恐惧的,很少有人因为理智、判断、精神和勇气会摆脱这种恐惧的感觉。感觉不是靠理性去除的,比理智更强烈的是本能。做游戏时要高高兴兴的,最好是多人游戏。比如,玩捉迷藏,把家里的灯都关了,让孩子藏起来。孩子在黑暗中的时候,要让他听见大人的说话和笑声,这样容易让身处黑暗中的孩子心神安定,使他在游戏中想着游戏,走出黑暗以前也是高兴的。

不要在孩子恐惧的时候,简单地用语言教育他"做个勇敢的孩子"。**认同他的恐惧,和他一起去感受给他带来恐惧的环境和事物,由陪伴慢慢淡化孩子的恐惧,会更有利于孩子的心理放松。**

● 畏惧由未知引起

对黑夜这种恐惧感的产生,有一个自然的原因,是因为对周围的事物和周围的变化不了解。黑夜让人不能够正确地感知距离,容易弄错东西的大小、位置,还会把看不见的事物当成想象的危险。人对未知的东西总是没有安全感。只有在确实看清,也知道周围物件的大小、位置时,人才会自觉放弃自卫的警惕性,身体的恐惧紧张感才会消失。"见惯不惊"就是这个意思。只有新的事物能够唤起我们的想象,那就多带孩子到黑暗的地方去就是了。你看,建筑工人经常登上高处,就不恐高头晕;常到黑暗中去的人，见到黑暗也就不害怕了。

一切畏惧皆由未知引起。只要父母多注意自己的教育方式，随着孩子年龄的增长和对这个世界的熟悉，便会慢慢走出自己的"恐惧"幻觉，摆脱掉自己的软弱感。生命的成长是在不断地纠正错误、不断地克服恐惧中进行的。只要正视这一点，我们的孩子迟早都会从一个胆怯、依赖的小孩子，成为一个果敢、坚定的独立人！

●●●●

培养孩子独自睡觉的习惯

> 孩子到了该和母亲分离的时候却不能分离，走不出对母亲的亲密依恋，他就不太容易发展更多的关系，父母对孩子过多的关心和帮助，实际上延迟了孩子和父母亲密关系的正常剥离。

　　儿子6岁了，从小一直和妈妈睡在一起。因为爸爸出差多，孩子自小就特别依恋妈妈。爸爸回家他也不一个人睡，让爸爸自己睡。让他自己单独睡，可他总是找个理由就又回到爸爸妈妈的床上。为什么有的孩子很快就能自己独自睡，我儿子就这么难呢？有什么办法吗？

● 关注孩子和妈妈的"心理剥离"

　　正常的话，孩子在5岁的时候，就该是与母亲关系的心理分离期了。他爱妈妈，但已经不过度依恋，他的兴趣已经从妈妈的怀抱，慢慢地从家庭转向社会、幼儿园，而且应该喜欢和爸爸玩。因为妈妈经常关注孩子，可能规则太多，烦琐冗长的唠叨也比较多，而爸爸相对宽松、少语，能给孩子一个更大的自由空间。

　　你的儿子可能因为在2岁之后，没有从和妈妈形成的亲密关系状态中分离出来，又因为爸爸经常不在家，和爸爸的亲密关系也没有建立起来。一般来说，孩子2岁之后，爸爸要成为他内心重要的人。2岁以前的孩子对母亲有一种天然的依恋，这很正常。如果过早地让他独自一个人，可能会使孩子无法满足安全感。孩子2岁以后可以试着分床，试着让他走出对母亲的亲密依恋，这是一种心理剥离。但是，你的孩子从生下来就和妈妈睡在一起，分床睡会让他感到和妈妈分离的焦虑、生气等负性情绪。所以，在解决孩子独自睡的问题之前，必须关注孩子的这些情绪，先解决情绪，再解决问题。

● 放弃对孩子的亲密需求

孩子到了该和母亲分离的时候却不能分离，走不出对母亲的亲密依恋，他就不太容易发展更多的关系，比如和爸爸的亲密关系，和带他的阿姨的关系，甚至不太容易去和其他的小朋友嬉戏玩耍。

我曾经看见有的妈妈说自己 9 岁的儿子："你看人家孩子都在那里玩，我这个孩子就知道缠着我。"一是那个妈妈当着孩子的面这样说，会在孩子心中产生认同，他就会更加"缠"妈妈；二是我从那位妈妈的表情和话中，明显感觉到她的焦虑，感觉到她对那个孩子有很多的不放心。这位妈妈没有意识到，她的孩子可能在心理上没有走出对母亲的依恋，这很有可能和她教养孩子的方式有关。我感觉那位妈妈关注孩子太多，不管和谁说话，只要孩子在身边，她的眼睛总是看着孩子，把一个 9 岁的孩子当成 1 岁的孩子看，还不停地说教着……

这样的孩子实际上是被妈妈的"爱"控制着，看似是孩子对她的亲密需要，实际上是她自己的亲密需要。如果妈妈不真正放手，不放弃自己的这种亲密需要，孩子就很难和妈妈实现亲密关系的剥离，很难真正在心理和行为上独立。因为妈妈的需要已经投射、认同为孩子的需要，那他在成长到该独立的时候，就以各种不正常的行为和心理，保持和妈妈的亲密联结。比如，不独自睡觉，不该摔着的时候摔着（这样可以让妈妈照顾他啊，这是潜意识中的），不能单独和小朋友一起玩（妈妈在旁边陪着可以），不单独和爸爸一起玩（动不动就喊妈妈）……

我发现，特别是那些小时候没有给孩子足够的关心和爱的父母，觉得自己亏欠了孩子，更容易在孩子该独立的时候不放手。**过多的关心和帮助，实际上延迟了孩子和父母亲密关系的正常剥离**。很多孩子不够自理、独立，父母就从孩子身上找原因，并为此想出各种办法来教育孩子。其实恰恰"解铃还需系铃人"，放弃自己对孩子的亲密需求，孩子自然就能够发展出独立能力和与他人相处的能力。因为孩子有很强的自我学习的能力，这种能力取决于环境，而父母正是孩子成长环境最直接的创设者。

● 试试几个小方法

至于如何让孩子能独自睡觉，每个孩子的情况不一样，关键是妈妈根据自己孩子的情况随时调整方法。不要觉得孩子 6 岁了，就应该怎样怎样，如果他从小就没有过独立的体验，那对他的训练也只能从小孩子的状态开始，从头开始，让他慢慢在体验中养成习惯。只是训练这样的"大孩子"要比训练小孩子更让父母费心思。

一般来说，孩子的独自睡眠可以从 2 岁开始训练。这种训练不光是睡眠的独立训练，更多的还有日常生活中的独立训练。如果孩子在白天能够实现独立克服恐惧，那他到晚上害怕和妈妈分离的情绪就不会那么强烈，也就比较容易使他独自睡眠。

当小孩子独自睡觉醒来呼唤妈妈时，妈妈最好要及时走到孩子床前，给孩子安抚，让孩子知道你就在他身边，没有离他太远。在孩子睡觉前不要让他做过于激烈的运动，不要给他讲情节较恐怖的故事，否则孩子的情绪会持续处在紧张兴奋的状态之中很难入睡。另外，还可以在孩子的枕边放上他最喜爱的玩具，避免孩子感到孤独。

如果条件允许，可以在孩子的房间安装一个能发出朦胧光线的小夜灯，防止孩子在夜里醒来因看不到周围的事物而害怕。孩子睡觉前的两个小时最好不要让他喝太多的水，养成他临睡前上厕所的习惯，以免他夜里上厕所害怕，影响睡眠质量。

当孩子能够独自睡一次的时候，妈妈一定要多鼓励、表扬孩子，让他觉得能独自睡觉是一件很光荣的事，产生心理上的认同，慢慢地，他就会觉得独自睡觉是一件很自然的事情了。

放下焦虑的心，放手孩子吧！你会发现，原来那个让我们揪心不已、蹒跚学步的小人儿，竟然有那么大的独自学习的能力和创造力。他们创造新世界，我们在他们身后感到欣慰并祝福他们的远行……

● ● ●

家庭是孩子人际关系的第一演练场

> 家庭是孩子人际关系的第一演练场。当寻找孩子在这方面出现的问题时，做父母的还要清醒地内观自己的行为模式对孩子可能的影响。

儿子正在读小学三年级，是一个很善良的孩子，学习成绩也不错，可不知为什么，就是在班里不太合群。只要是通过同学投票确定的事，如三好生、班干部，他都会落选，这很影响他的情绪，我也着急。请问该怎么办？

◎ 家庭是孩子人际关系的第一演练场

很理解你的心情，我知道你是为孩子在群体中的关系交往问题着急。但任何孩子身上出现的让我们父母焦虑的事情，都不是一朝一夕形成的，也不是孩子一个人的原因。从生命诞生的那一刻起，他是带着环境给予他的学习、体验内容而形成了自己的性格。我不知道你们家庭成员之间的关系相处模式以及与他人交往的方式，家庭是孩子人际关系的第一演练场。当寻找孩子在这方面出现的问题时，做父母的同时还要清醒地内观自己的行为模式对孩子可能的影响。

这样说，并不是说父母的方式就有问题，只是这样的内观，有助于我们更清醒地分析孩子的问题，找到更有效的解决问题的途径。

一个成绩不错且又善良的孩子，相信只要得到好的指导，应该很快会赢得伙伴的信任和喜欢。人的善良和爱心，是要通过恰当的表达形式，才会让人感受得到的。一个能够受到他人欢迎和拥戴的人，一定是一个通过自己的行为和努力赢得尊重的人。

● 引导孩子在内省中成长

孩子不被同学认可，心理上会有负性情绪。父母要能够接纳和认同孩子的情绪，表示理解他的感受。等孩子的情绪平静之后，告诉孩子不要因为同学们没投自己的票，就怨天尤人。别人对自己的态度往往是一面镜子，只有通过转变自己，才能转变别人对你的看法。可以像孩子的知心朋友一样帮助他分析一下落选的原因，使孩子直面自己在人际交往方面的问题。然后，再进一步指导孩子如何赢得良好的"人缘"。

记得我的儿子小时候和小朋友玩，闹矛盾了，我就耐心听他带着情绪的讲述，不加评论，不急于"教育"和指导，等明白事情的原委，我就让他想产生矛盾的原因，自己的那些建议为什么不被别人接纳？怎样才能让对方接纳你的建议？让他在遇到问题时学会自省，这样他才能听得进父母的建议，"随机教育"也才能进行。

我儿子小时候也会说："我是为他们好，他们为什么不听？真讨厌。""我做了那么多，他们怎么就是不理解？"我会心平气和地任由他的情绪宣泄，因为只有在父母这里，他才会不加掩饰、痛快地直抒胸臆。这个过程，也是父母冷静地观察自己孩子的时候。如果父母被孩子的情绪扰动，就很难在下一步冷静、客观地对孩子进行"随机教育"了。等孩子的情绪激动过后，平静了，把自己对这件事情的看法表达出来。比如说，让他想想自己的善良、好意，是通过什么样的途径去表达的？应该怎样做才会让他人悦纳？人们用善良的表达方式，是要做一些好事情，但不是讨好、取媚于他人，怎样保持自己的自尊，又同时保护他人的自尊？也许父母还可以举一点自己与人交往时的实例，但切记点到为止，不要进行冗长而烦琐的说教，结果会让孩子失去通过这个事件内省的过程。人只有内省，才会真正成长。

● 融入群体的基本素质

一个孩子个性的发展和社会化过程的实现，都离不开人与人之间的关系。要比较全面地来评价一个孩子的社会能力、行为价值，也离不开与别人的相互作用，所谓人际关系是一个人成功的要素，也就是基于这一点吧。

一般来说，一个人在人群中，如何才是一个让人喜欢的人？

首先他是一个爱自己的人。一个和自己都不能和谐相处的人，也很难和他人和谐相处。那些行为拘谨、不苟言笑的人，内心再善良，他人也很难感受得到。活泼开朗乐观的性格和幽默感，是很有价值的社交技能，这种技能真不是学来的，是从内心往外绽放的一种温暖。

同时他会爱他人，会和别人分享快乐，能站在他人的立场之上去想问题，赢得自己在群体中的地位。

他会爱集体，包括公共财物和集体荣誉，这样，他就在集体中成了一个受欢迎的人。

以上所说，可能是一个人能够融入群体，并在群体中被接纳、尊重，赢得地位的基本素质。这种素质不是通过短时间的强化就可以实现的，是在孩子成长的日积月累中，在对各种关系的实践中沉淀而成的，是通过一个很长的过程才能实现的结果。所以，我们想要孩子成为这样的人，就要关注孩子成长的过程。

当然，现在加强孩子组织才干的训练也很多，短时间内，这项技能也可以通过强化得到，但如果孩子不具备与人相处的基本素质，也很难做到长期有效的保持。人的基本素质需要经历、体验很多事情之后，沉淀而成。

我想，一个内心善良、有恰当的表达自己善良的方式、能大胆地表达自己的想法、不霸道而又艺术地实现自己的想法的孩子，总能够在其群体中获得认同和赞赏的。

让孩子去做吧！**只要我们把平等、理解、真诚、守信、豁达、幽默的种子，撒在他的心田，相信总有一天会发芽成长为庇护他人生的树林**。在那里，你会听到他的世界里鸣响的快乐而温暖的友谊的哨音……

●●●●

父母不善言谈，如何培养孩子好口才

> 父母呱呱不停地说话，不一定有利于孩子的语言学习，真挚而全心陪伴的交谈，即使话不是很多，孩子也会感受得到一种语言交流的态度。

孩子 8 个月了。我和丈夫都不善言谈，我非常希望我的孩子长大了有个好口才，但怕遗传我们的基因。听说人的语言能力要从小锻炼。请问这么小的孩子该从哪里入手？

● 儿童学习语言的无意识

首先，语言是不遗传的，它是一种文化。各种语言的发音都是一代代传下来的，具有连续性，但语言本身不会像基因那样遗传。

儿童的语言行为受听觉的影响。如果孩子的爸爸妈妈是英国人，母语是英文，可孩子是出生在中国，周围的人都说汉语，那孩子说的语言肯定是汉语。儿童体内有一种特殊的语言机制，这种神奇的机制使得儿童体内有一个很好的"老师"，他自己也是一个很勤勉的学生，只要成人的世界不给他阻碍，他自己就能把语言学得很好。

首先，我们来理解儿童对语言的学习特点。儿童学习语言的心理机制，是在大脑完全无意识的状态下开始的，发展完成之后，成了大脑的一部分。从出生到两岁左右，我们的肉眼看不到，但孩子内部的工作量却很大。你会发现，在某一个时间他出现了音节发音的能力，然后这个能力持续数月，也没有变化发展；又过一段时间，他会说一两个单词了，然后又是缓慢地不见发展。突然有一天，他就会跟着妈妈说"你这个小坏蛋"，鹦鹉学舌般大人说什么他就模仿什么了。到了五六岁的时候，儿童的语言表述就已经非常准确了。

● 创设环境，顺应孩子自我兴趣

蒙台梭利对儿童有关语言的各种行为及其表现分阶段进行了描述：婴儿大约在四个月的时候，就开始注意那个深深地吸引他的发出声音的嘴。婴儿很注意大人说话时的嘴唇动作，他在仔细地观察和模仿。在孩子出生的一年里，父母要多和孩子交流、面对面地说话。多观察孩子正在关注什么，父母就和他谈论此时此地的场景，不要说和此情此景无关的东西，因为那真叫"对牛弹琴"。孩子对没有看到、没有体验的东西，是没有感觉的。有的父母为了锻炼孩子的语言能力，用放录音带练习语言，不太适合这个阶段的孩子。可以在孩子刚会辨认事物的时候，教给孩子看得到、感觉得到的事物和人的名称，用缓和、清晰的音调教给他，"爸爸""妈妈""花""草""电灯""小猫"……这样教的时候，让孩子看见这些，触摸得到，他才会用心吸收、学习。虽然孩子有时候发音不清楚，但父母仍然要鼓励他，激发他的兴趣，不能违背孩子自我兴趣，强迫孩子学习语言。0～1 岁的孩子与他人交流的主要方式还是形体语言，在此阶段，孩子的语言学习是我们的肉眼看不见的，但他自己通过内在的机制正在进行着。大人要做的，就是不要阻碍这个自然的过程。

一岁之后，孩子完成了潜意识阶段的学习，虽然还没有脱离呀呀学语的状态，但对自己说的东西已经有了目的性。说明他在无意识状态之下学习的语言，逐步达到了有意识状态。他有意识掌握语言的愿望和兴趣也越来越浓，鹦鹉学舌般地大人说什么，他就跟着说什么，让人忍俊不禁。蒙台梭利曾经建议为一岁到一岁半的孩子建立一所特殊的学校。在这个时期，让孩子多和母亲接触，和成年人接触，和社会接触。让孩子总是听到发音正确、内容准确的谈话。儿童有很强的要与周围的世界交流的欲望，他是自己在学习语言的，但是成人在与他们说话时，也要帮助儿童组织语言，不要说什么"看画画""吃饭饭"这样的"儿语"，要遵循语法规则，因为孩子正通过对我们成年人的模仿来学习。父母呱呱不停地说话，不一定有利于孩子的语言学习，真挚而全心陪伴的交谈，即使话不是很多，孩子也会感受得到一种语言交流的态度。至于那些演讲的技巧等，不是在这个时候需要学习的。

这个阶段，孩子在用心灵吸收着环境提供的东西，是烙印在潜意识中的，父母温柔的话语、真诚的相视，对他们语言的学习和人格的形成，都是有意义的。

● 给孩子充分使用语言的机会

有的朋友曾经问，孩子能不能同时学两种语言？每个孩子都在他们各自的环境中学习语言、句法和语法规则，不管简单还是复杂。儿童如果在这一关键时期接受两种语言，比如父母各说一种，儿童心理所具有的创造能力，就会允许他同时学习两种语言。这是自然习得，是在环境中学习的。

语言学习是一个逐步走向独立的艰难过程，也会面临着衰退的危险。在两岁左右，当孩子的语言爆发期开始时，必须要对语言进行使用，随后他才会把他们的思想用合乎语法结构的句子表达出来。这个时候，要给孩子充分的使用语言的机会。比如，在给孩子讲完故事后，让孩子把刚刚听了的故事讲给爸爸妈妈听，然后给孩子鼓励。孩子听故事可以丰富词汇量，复述故事可以强化使用他的语言机制，巩固他的语言能力。

　　孩子的语言发展需要环境的支持，主要是生活在他身边的人。很多孩子尽管语言器官的发育是正常的，但到三岁还在用一些低龄儿童的语言，实际上是环境对他的语言机制的一种压抑。孩子心理受到某种伤害和阻碍，导致他们无法把学好的语言表达出来。许多成年人说话困难，大多也是心理原因，而且这种心理原因，大多源于儿童时代。

　　一个人良好的社会适应能力，关键在于人与人之间的协调和交流，这是一个人社会化成功的重要因素。在孩子教育中，很多父母都注意到语言的重要性，但对孩子语言的习得途径和特点却不很了解，希望更多的父母为孩子语言的发展，提供科学的环境和方法，让孩子潜在的语言学习能量得到充分的发挥。

● ● ● ●

别逼孩子成为"讲礼貌"的小大人

> 孩子在不断的成长中，在某种程度上不愿意讲话是很正常的，这恰恰是他成长的开始，是他开始思考的表现。

儿子 7 岁，小时候很愿意说话，家里来客人了他总是喜笑颜开地通报，还在客人面前说些无忌的童言，逗得大家直乐。可是上小学后，来客人他也不打招呼，也不愿意和家里的老人说话了。我带着他去参加朋友的聚会，他低着头在我身后，很不情愿地跟叔叔阿姨们打招呼。我很担心，这孩子会不会是自闭？有没有办法让他活泼起来？

● 别逼孩子成为"讲礼貌"的小大人

孩子的成长是一个过程，这个过程不是按着我们做父母的愿望一直往前的，而是迂回曲折的，甚至在某些时候还是看似倒退的。也正是在这样的迂回中，在不断地出现问题、解决问题中，我们的孩子就长大成熟了。

所以，**父母不要把孩子出现的问题上纲定性，也不必过度焦虑，很多时候可能是成长过程中暂时性的问题**。父母能做的，就是帮助孩子不要把暂时性的问题，固化为人生长久的问题，也就是所谓"战略上轻视，战术上重视"吧。

孩子在不断的成长中，在某种程度上不愿意讲话，是很正常的，尤其是男孩子。父母往往期待着曾经幼小的、热情、开朗的孩子，一直说着可人的话，可他却不再是那个"乖男孩"，这可能会让父母觉得担心、失望，甚至感觉在社交场合没有面子。但是，这恰恰是他成长的开始，是他开始思考的表现。他只是不肯主动讲话，不肯被父母主导着被动跟别人说话。也许，他是想要模仿成熟的男人，显得自己沉默稳重，而不再是像个幼稚的叽叽喳喳的小儿呢！

孩子的世界和我们成人比，毕竟很有限。我们在社交礼节方面觉得很自然的事情，对他们来说既不感兴趣，也还很陌生。7 岁的孩子已经不再只生活在自己的世界里，他已经能够区分现实和想象，但他对现实中的很多事物却又是陌生的，因此他可能会变得审慎和沉默，让习惯了他活泼可爱的父母觉得孩子是不是有问题了。应该允许孩子有这样的一段时光，父母不能为了自己的面子，强迫孩子跟不熟悉的人打招呼、讲话。他对成人世界的那些礼节不感兴趣，只要发现，他对他感兴趣的人和事还说个不停，那就说明孩子没有什么问题。

● **适度提醒，适度奖励**

这样说并不是不要父母带孩子去社交场合，恰恰相反，如果孩子不反对，就尽量带他去，但要尊重他的自我表现。不要在孩子不愿意打招呼时，当着客人的面说"我这孩子腼腆，害羞"。即便他是真害羞，你这样说了，下次他会不愿意和你同来了。你可以跟朋友说："孩子第一次见你，等一会儿他就和你熟悉了。"给孩子在真的讲话之前一个借口，也是一个鼓励。

很多父母在社交场合会把孩子置于众目睽睽之下，孩子会难为情，也很不舒服。不要去提醒他，越少让孩子成为大家注意的焦点，孩子的感觉就会越好，他在生人面前不说话的行为反而会减少。

在家里来客人或者带孩子参加社交活动时，父母可以向孩子提出期望，告诉他希望他至少要做到跟大家打个招呼，或者微笑。要具体地跟孩子说明这些期望，实际上是在教给孩子社交的礼仪。当然还可以制订一些具体的措施，给孩子小小的惩罚和奖励。比如，如果孩子不肯和经常见到的朋友打招呼，你就告诉他："下次某某阿姨带来的甜饼你不能吃了。"如果他能跟客人礼貌问候、告别，周末可以带他去坐一次摩天轮。如果孩子真的做到了，温和地拍拍孩子的肩膀，说："儿子，你真棒！刚才真像个成熟的男子汉，很有绅士风度哦。"

　　每一个父母都希望我们的孩子是完美的，但是，又有哪个人能在自己的人生路上没有不足呢？坦然面对并允许我们的孩子成长过程里的每一点不足吧，正是在这样的不足中，我们和他们才相携着共同成长！

● ● ●

藏起一半爱，培养孩子的抗挫折能力

> 不要轻易帮助孩子，多给孩子一些自己解决问题的机会，让他去尝试，不论失败还是成功，都对他的心理素质有益。

儿子今年 9 岁，很聪明，但就是太敏感，他做错了事情大人不敢批评他，我还没说他半句，他自个儿要么已经哭了，要么反应很激烈地开始辩解，而且抗挫能力也特别差，遇到点失败就垂头丧气。请问，如何磨炼孩子的挫折承受力？

● 过程决定结果

有这样一个案例：一对夫妻年龄很大了才有了一个宝贝儿子。这个孩子从小就是在父母和爷爷奶奶的百般"呵护"中长大，很乖很听话，但心理承受力很差，小时候做错了事父母不敢说，孩子长大了在工作中也是唯唯诺诺，生怕做错了事领导批评，什么事情都是等着领导吩咐，不敢主动去尝试。结果一次工作失误之后，因为没有勇气去弥补自己的过错，就辞了职在家，再也不想出去找工作。最后，妻子带着孩子离开了他，而他，一个 30 岁的男子汉竟整天在家唉声叹气，甚至流眼泪。

看着孩子从一个幼小的生命，成长为一个有担当有责任有能力的成人，该是父母多大的欣慰。可是，孩子的成长是不可逆转的过程，过程决定了结果。错过了对孩子教育最恰当的时机，父母面对孩子的痛苦，也只能是无奈的叹息。

挫折与磨难是孩子的必修课，我们做父母的必须知道。在孩子成长的道路上，不可能是一帆风顺的，人生的成功往往是与艰难困苦、坎坷挫折相伴而来的。也许我们的孩子会在我们的带领下爬过一座高山，能在嘈杂的大街上安然地走过人行横道，或许在闯祸之后我们会为他道歉并弥补……但我们不可能牵着他的手走一生，他必须自己承受人生随时可能有的失败和磨难。他还必须懂得一次失败了，要爬起来再战；甚至还要知道什么时候应该再接再厉，什么时候可以放弃，重新开始。这样的智慧，需要在父母从小给予的挫折教育中获取。

● 找出孩子受挫的根源

孩子的行为、言语、个性就是父母的一面镜子：他是一张白纸，是我们给他涂上人生的第一笔色彩。所以，对于孩子出现的问题，我们做父母的应该首先反省自己的教育方式，其次找出解决办法。

就让父母帮助孩子从每一件小事开始吧。

孩子为什么做错了事情怕被别人指责就哭？为什么急于辩解？是他内心的恐惧，还是过于自尊？这些问题出现的原因是什么？**我们做父母的往往容易看到孩子出现的问题，而忽略了问题背后的本质。**

挫折感、没情绪爱哭，是在预定的目标没有实现时感受到的内心压力。孩子出现这样的问题时，首先要找出孩子受挫的根源。

不妨想一想，是不是在生活中给了孩子过多的"呵护"，或者对孩子太过严厉？前者会让孩子成为温室里的花朵，经不得一点风吹雨打；后者则让孩子处于紧张、惊恐和防范中，他本能的反应就是敏感、辩解。是孩子过度疲劳？人在疲劳的时候，容易感觉事情难办，情绪失控。是孩子负担过重？压力太大就会沮丧。孩子的压力是来自外部还是来自内部？父母对孩子的期望过高，老师对孩子的要求过严，或者孩子自身不懂的可以请求别人的帮助，有追求完美的倾向（我认为完美主义者的内心缺少愉悦和放松），都容易让人内心不堪重负。

我们希望我们的孩子无论从身体上，还是从心理上，都是一个"皮实"的孩子。人怎样才算皮实？一是经历了磨炼；二是心理上没有伤痕。**给孩子太多的爱，不能使孩子得到磨炼；给孩子太多的磨难，会在他的心里留下伤痕。**所以，真正的抗压能力是在爱与磨炼中塑成的。

● 藏起一半爱

当孩子面对挫折时，相信孩子的能力，不要轻易出面代替，让孩子学会自我激励，同时用积极暗示的方法，鼓励孩子战胜挫折。孩子有机会自然地面对冲突和挑战，有机会去经历和征服遇到的问题，他才能获得自然的抗挫能力。授之以渔，而不是授之以鱼。在游泳中学游泳，在开车中学驾驶，在体验挫折中学到抗挫的能力。父母在观念上不要认为孩子小，需要父母的地方太多。其实，孩子的自我生存能力在不受我们给他的外力影响下，可能超乎我们的想象。所以不要轻易帮助孩子，多给孩子一些自己解决问题的机会，让他去尝试，不论失败还是成功，都对他的心理素质有益。**"藏起一半爱"，站在孩子的背后，允许他失败，分享他的成功，提升他的勇气，从意志、自信心上锻造他的抗挫能力。**

当孩子哭泣或者泄气的时候，让孩子讲出自己的挫折感。这个过程会让他理清思路，理解是什么使他心烦，并学会做出恰当的反应。

培养一个孩子的心理健康和培养孩子的身体健康同样重要，两者都是他们面对人生的基石。在自立自强中，孩子才能成为一个敢于承担责任、敢于承受挫折、永远心怀希望地生活着的人！

●●●

如何说孩子才会听

> 营造一种相互尊重的家庭氛围，培养孩子和父母相互合作的精神很重要。

孩子今年 5 岁，总是把妈妈的话当成"耳边风"，无论妈妈让他做什么，他都慢慢吞吞地胡乱答应几句，可最后却什么也没干。对此妈妈非常恼火，但无论怎样说教，他仍然不肯悔改，该怎么改变孩子的这种漫不经心和不听话呢？

● 孩子为什么"不听话"

是啊，这也是不少妈妈遇到的事——怎么说孩子才会听呢？

先来看看孩子不听话的大体原因吧：

父母心不在焉地听孩子说话，孩子也会心不在焉地听你说话。表面敷衍，不用心，孩子也就不愿意和你交心。

父母对孩子有过多的提问和建议。比如家里的电器突然坏了，就问孩子："你敢肯定不是你弄坏的吗？"孩子不小心把自己的玩具弄坏了，父母就说："告诉过你多少次了，不要把电池放到水里，你就是不听。"一个聪明的父母，总是多用耳朵多用心，少用嘴巴去唠叨。就像"聪"的偏旁部首，你看就是"耳"字为主嘛！多用耳朵倾听他人的人，就是聪明。孩子喜欢被倾听，不喜欢被唠叨，这是人性使然，要尊重孩子。

平日里父母和孩子之间的交流，如果通常是不接受也不承认孩子的感受，孩子对父母也就不会有接纳性的语言和心态。

父母不认同孩子的感受。当孩子向父母表达他们对某件事情的强烈感情时，父母要是没有反应或者反应过于强烈，孩子会心里不舒服。父母如果说："这点事儿也值得哭？""这点事情你都搞不定，真让我失望。"孩子的情绪没有被认同、理解，自然不会再向父母敞开心扉。

父母很多次答应了孩子，而没有做到的事情有不少。比如，答应了孩子要在周末带他去郊游，但到了周末却因为有事取消了计划。尽管理由充分，但孩子经历的类似这样的事件太多，就对父母的话不会言听计从了。

父母常常把孩子的"耳旁风"现象，看成是孩子对自己权威的蔑视，以为严加惩罚就是维护自己的权威。殊不知，尊重赢得尊重，爱才会获得被爱。

……

可能还有很多的原因，做父母的不要把眼睛放在孩子的问题上，也要好好反思一下自己，就不会在孩子"不听话"时恼火了。

● 多用描述语言交流

我曾经见过一个妈妈和一个 8 岁孩子的一幕：

妈妈："这是谁把牛奶放床上了？脏死啦。儿子，是你吗？为什么不放回冰箱？"

儿子蹦蹦跳跳、嘻嘻哈哈，像没听见。妈妈的声音提高了八度："烦死了，你怎么老是不听话？把我说的话当耳旁风了？过来，一边罚站去。"

儿子晃着脑袋，似乎故意"气"妈妈，可能这个妈妈在家里对他这样的"怒吼"也不止一次了，见多不怪，当成游戏和妈妈"玩"吧。

妈妈气急败坏了，一把拉过"不听话"的儿子，屁股上一巴掌，把他推倒在沙发上。儿子瞪着眼睛愤怒而委屈地看着妈妈，一场对话在极其不愉快的气氛中结束了。

咱们试着来变换一种对话方式，看看会是什么场景？

妈妈："这是谁啊？怎么把牛奶放沙发上了？牛奶喝完不放回冰箱会坏的，来，儿子，把牛奶放回去。"

儿子或许马上照做，或许会"嗯""啊"应付，但起码他听到了，而且没有对抗或者逃避。

妈妈："儿子，妈妈忙着做饭啊，你快把沙发上的牛奶收拾起来啊，要是能再帮妈妈收拾一下餐桌，那真是帮我的大忙啦。拜托啦！"

此时，这个孩子起码是会去做第一件事，第二件事情他如果不做，吃饭的时候他会老实很多。不信试试看。

反正让妈妈气急败坏、让孩子泪眼相对的场面不会出现了。

营造一种相互尊重的家庭氛围，培养孩子和父母相互合作的精神很重要。这些不是父母靠大道理教出来的，是要在日常生活中，用孩子能感觉得到的方式点滴渗透养成的习惯。父母说话的时候要描述，多提供给孩子信息，而不是简单的指责、训斥，带给孩子情绪化的语言。"看不见我在忙啊？小祖宗，你就不会动动手帮我把桌子收拾好了？""厕所的灯谁开着的？怎么每次都不关？"

孩子们不喜欢听说教和冗长的解释，父母说出自己的感受，做友情的提示，他会更愿意接受。"请把厕所的灯关上啊，我可不想花费很多的电啊。""我今天很累了啊，儿子，帮妈妈把阳台上的衣服收起来吧。我给你做好吃的。"

● 满足孩子倾诉欲，制订相应规则

孩子滔滔不绝地对你说话时，父母尽量停下手中的活，做出倾听的姿态。实在停不下，就边干活，边用"嗯""啊""哦"等词，让孩子知道你在听他的谈话。或者对孩子说："你等等，妈妈把厨房收拾好了再说，我看看能帮到你什么。"有时候孩子就是一种倾诉欲，父母倾听了，他觉得被接纳了，心里也就没有负面情绪的积累了，他自然也会回馈给父母听话的行动。

如果父母做到了，可孩子还是把父母的话当"耳旁风"，不听话，父母也可以跟孩子商量，针对他的问题制订一个合理的惩罚方案。比如，孩子总是将自己的小自行车放在客厅里，尽管父母已经跟他说过多次，要他将自行车放到专门的房间里去，可他总是像没听见一样。这样就可以把他的自行车锁起来，并告诉他一个月之内不能再骑，让他意识到他必须为自己的行为付出代价。

还可以在适当的时候，让孩子感受"内疚"，有时候内疚更容易让人内省。比如，让孩子扫扫地，他却跑出去玩了，而当孩子有求于父母的时候，你可以帮助孩子，但也可以随机对孩子说："你知道吗？宝贝，昨天妈妈要你扫地的时候你不理我，我很难过。所以，你需要妈妈帮助的时候，妈妈会很乐意帮助你的。"小孩子的心里会有触动的。

有时候和孩子在一起，真是"斗智斗勇"啊！"暗算""谋略"，很多技巧都融会在爱中，但又大爱无痕，滋养着孩子的心灵，给孩子建立起"精神银行"，给他储蓄下受用一生的"财富"！

谁让我们是父母呢！谁让孩子也是一个有血有肉有灵魂的完整的人呢！可怜天下父母心，只要我们用对了方法，做到了以己身为榜样的示范，那最终父母的心就是欣喜和慰藉的了。

引导孩子正确面对不良情绪

> 正确处理自己的不良情绪是人生的一种修养，也是一种能力。这样的修养和能力会让孩子受益终生。

女儿读初一，学习成绩不错，但就是经常把在学校的一些情绪带到家里，比如一次考试没考好、和同学有不愉快了、班里的集体比赛输了……她会回家闹情绪、不吃饭、挑剔，甚至对着家人大吼。我经常为此着急，和她生气。请问有什么办法？

允许孩子宣泄不良情绪

遇到这样的情况父母不能生气，别认为孩子的行为是针对父母，在这个时候，父母是被她信任的人，她需要亲人的理解与体谅。

绝大多数孩子，甚至包括许多成年人，都不太懂得如何独自处理自己的不良情绪。更多的人会在他认为最安全的地方和人那里发泄自己的沮丧、愤怒、委屈。家是孩子感觉最安全的地方，父母是孩子心中最信任的人，把不良情绪带回家，对着家人发泄，也就不奇怪了。

父母首先要稳住情绪，让孩子知道父母理解她的烦恼，认可她的情绪。千万不要用惩罚的方式，父母生孩子的气，觉得孩子无缘由地把火发到家里来，其实是孩子心里有痛苦，她需要放松、释放，父母的生气或者惩罚无异于火上加油。

要让一个孩子直接学会处理伤痛，而不是对无辜的人去宣泄情绪，确实有点困难。作为父母，我们必须用十足的耐心，与孩子一起面对，这是帮助孩子注意自己内心深处的一个好机会。因为在漫长的人生路上，不管我们多想保护自己的孩子免受现实生活的伤害，但人生中的许多事情是无法掌控的。所以，应该让孩子懂得遇到事情只能控制自己的反应，不要殃及无辜的人。用合理的方式，宣泄自己的不良情绪，让自己舒坦一些。

习惯是习得的，不是教育出来的。父母自我的情绪处理示范，对孩子情绪处理的示范及引导，都是帮助孩子建立和习得一种良好的情绪处理习惯，说得好，还要做得好。

● 给孩子示范自我安抚的方法

我们假设一个场景：孩子放学回家了，火气十足的样子，你去问她发生了什么，她非常不耐烦地大叫："不要管我啦，烦人！"然后她没好气地把鞋子丢到过道上，又把书包扔到床上，又埋怨："还不做饭，饿死我了。"实际上离该吃饭的时间还早呢！这时，我估计当妈妈的一般就要发火了。但妈妈此时一定要记住，她就是要惹你生气，好消耗她的怒气，让她大大地发泄一番。所以，你压住心头的不快，主动对她说："你今天好像不太高兴，一定是学校里发生了什么。如果你愿意，妈妈很想和你谈谈，看看是否能够帮到你。如果不想告诉我，可以打电话给同学或朋友，或者写到你的日记上，这样会让你舒服一些，再不行就拿你的枕头发泄发泄。"说这些时，她有可能显得不耐烦，然后你微笑着说："你没办法掌控别人的想法和做法，就像现在我没法让你高兴起来，但我可以不出现在你面前，这样我们就不会吵起来。不过，拜托你把书包、拖鞋放到它们该放的地方，妈妈出去一会儿。"然后，你去附近的超市溜一圈，虽然没能和女儿谈心，但避免了争吵，更重要的是，你用自己的做法给她示范：在自己难受的时候，该怎样合理宣泄，找到自我安抚的方法。

每个人都会有不良情绪的出现，这些不良情绪如果得不到正确的处理，就会影响我们和他人的关系。我们做父母的在孩子出现不良情绪时，应该让孩子知道，不管她的情绪如何，不可以无理由地把坏情绪发泄到别人身上，她可以用合理的方式寻求理解和支持，但不能"想怎样就怎样"。如果孩子在家里学到这样的观念，那她对待外人就能尊重别人的感觉了。

正确处理自己的不良情绪是人生的一种修养，也是一种能力。这样的修养和能力会让孩子受益终生。

●●●
父亲是孩子通往外部世界的领路人

> 父亲的爱，帮助撬开妈妈爱的"鳄鱼嘴"，让她和孩子实现健康的"心理断乳"。这是孩子成长很重要的一步。

孩子上小学，学校开家长会时，几乎都是妈妈们来参加，爸爸们来得很少。我的丈夫也很少关注孩子的教育，还经常说"教育孩子是女人的事"。难道真是这样吗？

● 孩子的悦父情结超过恋母情结

当然不是这样。就像植物生长需要阳光、水、养料一样，父亲与母亲共同的爱和关注，才能构成孩子健康成长的环境。但遗憾的是，还有很多父亲没有意识到在孩子教育中，父爱的缺失对孩子的不良影响。

我听到很多母亲说："他爸爸整天忙，早上孩子走了他还睡，晚上孩子睡了他才回来。""孩子的事全是我管，他只管大事。"在一个家庭中，教育孩子的事又何尝不是一件大事！

有很多父亲说："我也爱孩子啊，只不过爱的方式不一样，孩子更需要妈妈在身边。"我们经常看到孩子总是依偎在妈妈的身边，就以为孩子更依恋母亲。但据大量的心理实验之后发现：孩子的悦父程度超过母亲。

在我们的传统观念中，父亲的主要任务是保证孩子成长的物质条件，比如学费、衣食、医疗等。但实际上父亲给孩子带来的世界，是孩子们更感兴趣的世界。孩子在两岁以前，女性的生理特征决定了这个时期孩子需要母亲的陪伴和抚养，可孩子两岁以后，父亲应该介入到孩子的世界中来。由于父亲在身体、气质和思维上的特点，他总是表现出能够积极、乐观地解决各种问题，总是以决策者、建设者的形象出现，很容易被孩子崇拜，成为偶像。**父亲经常和孩子亲密接触，会使孩子变得更有安全感、更加自信。**

● 父亲和孩子更像伙伴和朋友

孩子 2～3 岁的时候，父子关系变得重要起来，是因为这个时候母子关系处于生理上的断乳期，也是孩子寻求独立的第一个阶段。母亲对孩子的爱，有时候像鳄鱼嘴里的蛋，含在嘴里不舍得吐出来，父亲的爱帮助撬开妈妈爱的"鳄鱼嘴"，让她和孩子实现健康的"心理断乳"。这是孩子成长很重要的一步。

孩子到了 5 岁以后，他会在心理上寻求超越母子关系以外的亲密朋友，而父亲就是他离开母亲怀抱之后的第一个朋友。所以，父亲和孩子的关系，应该更多的是伙伴和朋友的关系。

我的丈夫在和儿子的相处中，就一直秉承这样一个原则：儿子是平等的、最好的朋友，包括孩子小时候。我经常听到他们父子之间幽默的对话、对外部世界认识的交流，天文、历史、政治、体育，都是他俩热烈交谈的内容。父子之间就像朋友、哥们儿那样的语气争论着、呼和着。正因为他们父子之间的情感一直建立在稳定、信任的基础上，所以一直保持着良好的沟通，儿子的气质和性情中，也更多地具备着一个男性公民很好的责任和义务感。父亲的这种角色承担，对于一个男孩子的心理和精神发展，是很重要的。

当然父亲的角色对于女孩子也很重要。父亲是女孩子世界中的第一个亲密异性，父亲和女儿之间的情感互动模式以及情感满足，直接影响着女儿长大成人之后和异性的情感互动方式。这在心理学上有很充分的阐述。所以，无论儿子还是女儿，父亲角色的缺席，对孩子的成长来说，就是一种遗憾。

在许多家庭里，父亲总是充当着统治者的角色，孩子在他面前就是服从命令听指挥，他对孩子的批评永远多于和气亲切的交谈。这样的父亲如果长期和孩子生活在一起，就在孩子心中种下了逆反的种子。孩子曾经对父亲的崇拜和情感，会慢慢因为父亲的漠然、严厉、粗暴而被破坏。

● 父亲是孩子通往外部世界的领路人

我认识一个 14 岁的男孩，爸爸是个忙得他基本上见不上面的人，他从小和妈妈、奶奶在一起。他 14 岁之后，有一阵子变得很叛逆，很不讲道理。妈妈很为他发愁。后来我跟孩子接触后，感觉实际上他在渴望父亲的关怀。他的父亲在他暑假的时候，用 10 天的时间，和孩子一起去新疆旅游，而且他的父亲从此以后几乎每天都会和孩子通个电话，结果孩子的情绪很快就正常了，而且和爸爸成了好朋友。

还有一个男孩子已经 19 岁了，因为爸爸是某一大型企业的董事长，孩子基本上是从小和妈妈在一起的时间更多。父亲没有陪孩子玩耍，也没有去参加过一次孩子的家长会，更不用说平日里和儿子沟通、交谈。妈妈对儿子物质上比较纵容，但在行动上的控制很严。孩子放学后必须马上回家，和小朋友也不能一起玩，怕"学坏"。否则，妈妈就会歇斯底里地"哭诉"孩子不体谅妈妈，不懂得妈妈对他的"爱"，并以此"挟制"着儿子做围绕在妈妈身边的"乖乖儿"。高中毕业时，孩子要报考外地的大学，妈妈坚决不同意，父亲也没有站在儿子的一边，说"就听妈妈的吧"。结果儿子被迫报了当地的一所三本院校，就在报到的那天，这个 19 岁的孩子因为一点小事和新同学发生了冲突，情绪失控，失手伤人，结果被收容教养三个月。这个时候，那位父亲才坐到孩子面前，开始认真地"教育"儿子。他现在要做的是把儿子从囹圄领到一个自由的世界，因为他错过了把儿子从母亲身边，领到一个丰富而健康的外部世界的最佳时机。这是儿子的痛，更是父母的痛。

父亲是孩子通往外部世界的领路人，孩子的性格、情感、知识、道德品质，都和父亲有着重要的关系。为了孩子健康的身心，也呼吁更多的父亲，像关注自己的事业一样地关注自己孩子的成长。

第 4 章

和孩子一起成长

成长是一生的事情。孩子需要成长,父母也需要成长,在养育孩子的岁月里和孩子一起成长。

●●●

从孩子的角度发现并唤起兴趣

特长不是逼出来的，是在兴趣的基础上发展、强化出来的。父母重在唤起孩子的兴趣，然后适应他的兴趣去进行恰到好处的培养，才能找到孩子真正的特长。

我的孩子读小学三年级，班里的孩子很多都有特长，画画、弹琴、下象棋、踢足球等，而且都拿了很多的奖项。我的孩子学习不错，可就是没什么特长。每次开班会或者和别的家长谈的时候，听到人家的孩子得了什么奖，我心里就有一种失落感，觉得自己的孩子不够优秀，同时很着急孩子没有什么特长，怕孩子有自卑的感觉。妈妈曾经给孩子报了很多特长班，但他没有坚持下来的，现在给他报了奥数班，他还坚持得不错。请问孩子没有特长怎么办？怎样才能发现孩子的特长？

● 察觉母亲心态对孩子的投射

曾经有一位 13 岁男孩的母亲带着几乎同样的问题找我。整整两个小时里，和她在一起，我发现我们几乎不能探讨问题，因为她似乎不能静下心来倾听别人的谈话，而一直是沉浸在自己的思维中，诉说着自己的感觉。她跟我说她很后悔孩子小时候没有学钢琴，没有去画画，这么大的孩子了独立性也不强，运动能力也不行，身体也不壮，反正觉得自己的孩子就是不如别的孩子。

我观察那个母亲，不是那么乐观豁达的人，笑起来也不是从心里绽放的那种快乐，整个人似乎绷得很紧，像有一肚子的愁事，让离她很近的人心里也感觉很累。我故意转移了一下话题，问她的家庭和工作，没想到她又跟我一直说她的工作有多忙，压力有多大，她的丈夫太忙，她一个人带孩子有多累多操心……最后我问她："这个孩子现在难道很差？没有让你欣慰的方面？"她说："他学习很认真很自觉，成绩也不错，在学校里是个好学生吧。"

这样，我基本知道了这位妈妈的一种思维状态。一个很焦虑的人，即使面对平常的事情，她也会比别人多出很多烦恼。这些可能她自己意识不到，因为她或许也是被焦虑的母亲教养的，不是她的错，但她会继续影响到她的孩子。这是家庭的"代际遗传"，所以，父母自身的自我察觉和成长，是孩子健康成长的重要保证。我不能想象，那个被妈妈认为没有什么特长的 13 岁男孩，在妈妈的这种焦虑中，如何轻松地学习、生活，建立自己的自信？

说这个例子，是因为我从这位妈妈的问题中也感到了一种焦虑：看到人家的孩子得了奖，妈妈心里就失落、沮丧；看到的都是孩子的不足，觉得自己的孩子不够优秀；着急自己的孩子没有特长；怕自己的孩子自卑……因为没见过这位妈妈，我不知道到底是孩子有问题搞得妈妈这么焦虑？还是妈妈自己把焦虑投射到孩子的身上看到了问题？妈妈的心里如果装满对生活的遗憾和不满足，在教育孩子的时候她会不自觉地把自己的失落投射到孩子身上，看似爱孩子，实际上是一种控制，似无意识地希望通过教育孩子出色，填补自己内心的不自信空洞。这里说的只是我的一种感觉和理解，但愿这位妈妈只是"望子成龙"心切。不过我还是首先劝妈妈先调整自己着急的心态，省察一下自己的内心烦恼所在，然后我们再来谈"特长"的问题。

◉ 从孩子的角度发现并唤起兴趣

我认为，特长不是逼出来的，是在兴趣的基础上发展、强化出来的。父母重在唤起孩子的兴趣，然后适应他的兴趣去进行恰到好处的培养，才能找到孩子真正的特长。也许，当父母在为寻找培养孩子的特长和发展方向焦虑不已时，也许孩子正淋漓尽致地发挥着自己某一方面的才智，只是父母不懂得或者没有认真地从孩子的角度去察觉而已。因此，在父母要求孩子表现完美甚至吹毛求疵时，自己必须能够从成人主导孩子发展方向的思维中走出来，谦虚地把孩子当做一个完整的人去尊重和了解他的兴趣、他的智力类型。在此基础上，才能谈对孩子的教育和引导。

我在教育孩子的过程中，一直注重培养孩子广泛的兴趣，不把孩子的兴趣固化在某一个方面。让他在天文、地理、生物、植物、琴棋书画的多种尝试中，寻找自己最感兴趣的，然后帮孩子一起克服困难坚持下去。所谓"特长"应该是孩子自身内在的一种天赋。数学、语言、音乐艺术、体育、人际交流等八种智力，每个孩子所擅长的有所不同，这个不同就是各人的特长。只要他这方面的才能没有被压抑，正常发展，即使没有去拿什么比赛证书，没有得到大奖，将来孩子还是会以他所长，谋求自己的生存和发展，又怎么能因此就说他不是一个优秀的人呢！

◉ 母亲的心塑造着孩子的心

现在很多父母把培养孩子"特长"的目标定在考级、竞赛证书上，是为了中考、高考成绩的加分。在升学压力面前，从眼前的利益和现实层面上可以理解，但是从长远来说，这种不尊重孩子的兴趣所在、硬逼着孩子发展出来的"特长"，对孩子的人生未必有益。教育的真正意义，在于愉快地促进孩子的精神成长，使其成为一个身心健康、全面发展、具有良好社会适应能力的人。如果妈妈怕孩子自卑，说明是妈妈内心因此有自卑，投射给孩子，孩子也会认同并在无意识中用行动来适应这种认同。

母亲的心在塑造着孩子的心。**一个人的自卑或者自信，并不取决于他有什么样的地位和权力。他能尽己所能，以自己的热情和乐趣，在奉献社会、服务他人中自食其力，一样会感觉到自我的价值和自信，他的内心会平静、安宁和幸福。我们的孩子将来能够以这样的一种境界生存，除了人类社会越来越尊重人性的发展，更重要的条件还来自童年时期父母给予的"精神底肥"中，是否包括了尊重、欣赏、理解和足够的爱。**

放下对孩子的高期待，为一个平常而健康的孩子自豪吧！

●●●●
电子媒体时代，不要捂住孩子的眼睛

> 做父母的首先要正确地看待这个问题。电视对孩子的影响
> 不是绝对好，也不是绝对坏。他喜欢电视是必然的，而迷恋电
> 视则需要我们做父母的正确引导。

孩子读小学五年级，他一回家就打开电视，而且在电视前一坐就很长时间，拿着遥控器轮着换台，过分迷恋电视。请问该怎样限制孩子看电视的时间，让他把更多的精力用到学习上？

● 电子媒体时代，不要捂住孩子的眼睛

电视进入孩子的生活，并成为影响他们生活的重要媒体，这是必然的。对于现在的孩子来说，媒介信息是他们须臾不可分离的"社会空气"，它对孩子的生活方式、人生态度和价值取向的影响，是非常巨大的。所以，我们做父母的首先要正确地看待这个问题。电视对孩子的影响不是绝对好，也不是绝对坏。他喜欢电视是必然的，而迷恋电视则需要我们做父母的正确引导。

我经常说："**不要捂住孩子的眼睛，关闭他看世界的窗口。**"我一向秉承三个开放的教育原则：**向课外开放、向自然开放、向社会开放**。所以我认为适度的看电视、玩电脑，也是孩子学习的一种方式。不要认为孩子只有看书、写作业才是学习，孩子们日常生活中接触不到的事物，能在电视中看到、听到。各地的风土人情、奇妙的动物世界、宇宙太空和社会……是那样真实地让孩子们感受到缤纷而丰富的世界。观看电视还可以扩大幼儿

的词汇量。大众传媒包括电视，是孩子成长过程中必需的"营养佐餐"，尽管含有杂质，但也不能因噎废食。对孩子的教育应该是全息全感的，全方位的，父母应该尽可能地为孩子开启更多的窗口，包括利用现代传媒，充分地把一个多元的世界和丰富的信息，传达到孩子的面前。

● 转移孩子注意焦点

电视节目以视听方式展现给孩子的令他神魂颠倒的一切，也会削弱孩子的思考力。孩子们很容易对电视中那些神力无边的人物产生认同感，同时吸收他们的优点和缺点，甚至模仿他们的暴力行为，这对那些性格冲动、控制力差的孩子尤其不好。

孩子看电视到了迷恋的程度，比如，一有时间就坐在电视前不挪窝，什么电视节目都看，没有选择，而且还不停地吃着零食……父母就要试着把孩子的注意力引开了。因为看电视是被动的接受，图像变换快，容不得孩子有太多的思考与提问，长久下来会妨碍孩子思维能力的主动性。而且看电视时间过长，也会使孩子参加其他游戏活动的时间减少，当然也就妨碍了他从其他的活动中获取有益的经验。沉迷于电视，孩子的阅读兴趣会减少，甚至不愿进行图书的阅读。

如果有时间，父母可以陪孩子一起看一些电视节目，随时把握孩子看电视的内容，边看边讨论一些问题，这也是"随机教育"。

另外，孩子喜欢看电视，父母不妨把看电视当成奖励。比如可以对孩子说"你去外面锻炼半小时，就允许你看一个小时的电视""你把作业尽快做完，就让你看半个小时的电视"。

为孩子提供、开拓荧屏以外的天地。比如，多带他到大自然中，多带他参加一些有益的社会活动，多带他到书店买书、看书，养成阅读的好习惯……这样孩子的生活丰富了，他的时间被其他活动占用了，就不会迷恋电视了。

父母还要示范。如果做父母的也是不加选择地每天坐在电视旁消磨时间，恐怕要控制孩子看电视的时间就比较难。父母要和孩子一起制订合理的看电视的时间，根据喜好选择，有选择、有限制地看电视。

每一个了解孩子、爱孩子的父母，会用更科学的方法，让孩子在丰富多彩的生活中健康成长。

｜小贴士｜　　　　　**君子协定**

很多人会在孩子正看在兴头上的时候，"啪"的一声把电视关掉，不但不能让孩子转移注意力，反而弄得他的情绪很不好，即使他很不情愿地去看书了，那相信读书的效果也不会太好。人在情绪不愉快的情况下，吸收知识的能力也很弱。建议，一开始可以和孩子有个"君子协议"，在友好的氛围中限制他的电视观看量，规定他每天看电视的时间和内容。一旦他违背"君子协议"，不用你发火，他内心就已经有歉疚感了，这个时候再适度引导，效果会更好。

● ● ● ●

不要空讲"打人不好"的大道理

> 每一个人在自己的童年时都会与小伙伴有过嬉戏中的恼怒，小小的冲突是孩子们在这个世界上与人交往的第一道障碍。

孩子今年 5 岁，很活泼，但就是有一个问题，他和别的小朋友玩时，稍有不合意的地方就打人。每次他与其他孩子玩，我总是揪着心，担心他又会把人打哭。真不知道该怎么办。

● 不要空讲"打人不好"的大道理

做过父母的人也许会记得这样的一些镜头：2 岁的女儿因为玩具娃娃被隔壁的小妹妹抢走了，就生气地把小妹妹推倒在地，因为这个小不点还不能主动和别人分享自己心爱的物品；5 岁的儿子成了"孩子王"，很想显示自己的了不起，为了证明这一点，就去欺负别的小孩子……父母为此费了不少的心思，但是，随着孩子的成长，慢慢地在大人的帮助下，她或他也都学会了与人友好相处。

一个正在向着独立、自我的方向发展的孩子，不可能事事与别人保持一致，有差异是正常的，但如果有差异或者出现不如意就动辄用打人的方式来解决问题，确实需要大人的重视和引导了。

当孩子表现得很无理粗暴时，还要看看和他相处的对象，分析一下原因，然后进行耐心的引导，不要空讲"打人不好"的大道理。爱打架的孩子原因不同。有的是缺少社交技巧，不打架不知道怎样和小朋友相处；有的是想用拳头树立自己的权威；有些孩子是自己不痛快，不会控制自己……这个时候，父母的引导，就是对孩子进行社交技巧和与人相处的"随机教育"的最佳时机。

记得我的儿子小时候和小朋友在一起玩，孩子们也经常磕磕碰碰、闹别扭打架，每次我都是引导儿子好好想想，对方为什么不听你的建议，教他站在别人的立场想问题；我告诉他，在群体中如果有人用拳头伤害了他，只要对方的伤害不再继续，就要用语言去解决问题，而不是把自己受到伤害的第一反应——还击，表现出来；生一个人的气把拳头握起来的时候，先问一句"你为什么这样做"，压一压自己的火气，而不是用殴打、谩骂去发泄愤怒，因为那样只会让事情更坏。说这些的时候，都是在事情发生的时候，不是事先的说教，也不是事后的批评，是随机的。就像一个妈妈不要在书房里教女儿做饭一样。

● 孩子是父母行为的"镜子"

父母经常意识不到自己的行为对孩子的影响。当孩子表现出一些行为问题，比如随意侵犯他人，父母也要反省一下自己在孩子面前的一些言行。据调查，大多数存在"武力"行为的孩子的父母，都或多或少地在处理和孩子的冲突或别人的冲突时，表现得很急躁、愤怒。有一个孩子在犯了错之后，父母总是忍不住地大声训斥，甚至还会打孩子几下。在孩子看来，对于冲突、不合意的反应方式，似乎就是大发脾气甚至打人，他在父母那里无意中学到了一种错误的解决问题和冲突的"方法"。还有可能他把在父母那里承受的狂暴和怒气，转变成了孩子行为的激发点，对父母他还不具备发泄和反抗的能力，但对同龄的甚至比他还小的孩子他就会施加"武力"。虽然这样的"动手"在小孩子之间还不太会造成很大的后果，但一旦形成习惯，就会形成孩子解决问题和冲突的方式，成人之后会影响他的人际关系。

所以，**父母首先要培养自己好的心态以及处理问题、冲突的态度和方式**。当感觉到孩子做的事情让自己生气时，一定先冷静下来，因为父母对孩子的态度直接影响孩子对别人的态度。但父母要明确表明自己对于事情的看法，表达自己的观点，可以对孩子严厉，但不可以暴怒。因为愤怒的情绪中，是很难对孩子进行随机教育的，要把孩子的每一次错误，当成教育他的好机会。

对于小孩子，不要用惩罚来解决他的问题。正面指导，讲明解决冲突和不同意见时可以运用的方式，或者帮他列出各种可行的解决争吵的方法。还可以把孩子的打架行为记录下来，制成表格，一边是可以表扬的，一边是要制止的，放到家里显眼的地方。和孩子制订一个减少打架次数的可行目标，约定孩子喜欢的奖励办法，真诚地表扬并奖励孩子的进步；如果仍然打架，就要适度惩罚，可以限制他的活动，比如，一天不许他看电视，或者取消他周末去小朋友家玩的机会。

当然，做这一切的前提，父母自己首先得是个好的榜样。

每一个人在自己的童年时都会与小伙伴有过嬉戏中的恼怒，小小的冲突是孩子们在这个世界上与人交往的第一道障碍，引导得当，一步步地走好了，孩子们也就慢慢成熟了，一个谦谦君子或者窈窕淑女也就站在我们的面前了。

● ● ●

接纳孩子"犯错误"

> 孩子就是在不断犯错、不断纠正中长大的。很难想象，一个自小到大不犯错误的孩子，长大了会是一个什么样的人！

　　儿子上小学二年级，总是犯错误，被同学老师称为"犯错大王"。不是今天把同学的眼镜摔碎了（他说是帮同学修眼镜不小心弄坏的），就是明天把同学的水杯弄扁了（他说那个同学欺负他，他故意踩的）。有一次竟然把老师的课本藏起来（他说那个老师总是批评他，他就故意让他着急）。这孩子在这之前是个乖孩子，不管在家里还是在幼儿园里，都很守规矩。自小是做教师的爷爷奶奶带大，我们做父母的对他也很严格。我很困惑，是我的儿子真的有问题了，还是他正处于七八岁狗也嫌的年龄的原因？他的同学怎么就没有出现这样的状况呢？

● 犯错是孩子的一种心理需求

　　过去我们自小所受的教育就是"不许犯错"，甚至是孩子成长中正常的一些错误，也被冠以很严重的"罪名"，以致给孩子的心理留下终生的阴影。记得小时候我的一名男同学很顽皮，他把大街上画的领袖像的眼睛用粉笔给涂上了。结果全校批斗，取消他在学校评选各种荣誉的资格，在全校大会上点名批判，宣布他是个"坏孩子"，他的小伙伴们也不敢和他玩了。一个才八九岁的孩子啊，从那以后，他的性格就变得很怪僻。那是 20 世纪 70

年代初的中国。我想，今天的孩子再犯这样的错误，老师和学校绝对不会这样处理了。

孩子就是在不断犯错、不断纠正中长大的。很难想象，一个自小到大不犯错误的孩子，长大了会是一个什么样的人！

心理学专家认为，**犯错是孩子的一种心理需求**。他是通过错误，来确知他自己与外界或者与他人的关系，从而在体验中获得对犯错的"免疫"。人类和小动物一样，他要在游戏中预演攻击和防御、残忍和仁慈、捕获和逃避，通过这样的过程预演，获得生存的能力。成人的责任就是等待在旁，允许他有这样的预演，并引导他不会在预演中发生更大的错误。

你的儿子自小由做教师的爷爷奶奶带大，你们做父母的对他也很严格。可以想见，四个训练有素的大人，贴身保护、教育、训导着一个"乖孩子"，在那样的成长环境中，他恐怕很少有犯错的机会。可是，一旦到了学校，脱离了家庭如此紧密的监护，这个"乖孩子"就要找机会以冲动犯错的举动，去体验犯错的权利，获得成长的资源。小孩子小时候该犯的错误没有机会犯，大了很可能犯幼稚孩子犯的错误。

● 让孩子在错误中获得"免疫"

孩子在与父母、老师的相处中，除了感受到爱和关心，也会体会到控制与强迫，也会产生愤怒、对抗、嫉妒、仇恨等负面情绪。这些负面情绪都得有机会表达出来，让孩子从中获取管理这些情绪的体验，学会节制。那么，犯错就是他释放这些情绪的机会，引导得当，孩子就会学会节制，获得"免疫"。把老师的书藏起来，把欺负他的同学的水壶弄扁了，这是他在学习协调和权威的关系，学习服从与心理平衡的技术。这样的学习，会让他将来受益。

我认识一位女友，从小到大是一个"乖女孩"，听父母的话，听老师的话，对谁都好，对谁都不会反抗。上班后也是十分努力地做好工作，十分友好地对待同事，十分小心地躲开利益纷争，甚至放弃自己合理的权利。当她遭受不公的时候，她不会据理力争，不会协调对抗和服从的关系，她的愤怒不能合理宣泄，以致生病。最终她认识到，自小到大，她是一个不敢犯错的人，没有机会发泄，积压了大量的愤怒、对抗和悲伤情绪。她自己的错误，就在于她在成长的几十年里没有犯过错误，也就没有获得自己与外界或者与他人的正确关系的处理方法。

每个孩子都会欺负别人也会被人欺负，从中可以学到自我保护。有些比较严重的错误，看起来让人很可气，但对孩子也是有益的。**父母切不可企图全力保护孩子不出错，但错了又全力代替孩子处理和承受后果。**可以通过让他承受不愉快的惩罚和社会压力，遭受必要的情绪挫折，体验到孤独和焦虑、后悔和害怕是什么，学会预见行为的后果，有助于孩子学会协调攻击欲望与环境的关系，慢慢地把攻击行为转向积极安全的范围（如运动、竞赛）。这些成长体验印痕，在孩子将来面对复杂的环境时，他可以经过"心理反刍"，找到恰当的应对方式。**犯错也是一种心理能量的体现，心理能量弱的人，连错也不敢犯。**

● 对错误不要引入"是非道德"批判

在孩子犯错后，父母不要过度惩罚，引入是非道德的批判。不管对多大的孩子，如果犯了错误就严惩打骂，都会给他的心理造成创伤。他对错误的体验不但没有获得"免疫"，反而会潜抑和深藏，将来当他独自面对生活时，会削弱孩子的防御和生存能力。

　　看上去你的孩子所犯错误不是出于好意，就是出于故意，还有就是对抗和好奇，基本不是明知故犯、损人利己。对这样的错误，批评、责骂都不是好方法，而是要帮助孩子把"犯错误"过程中的不利、消极因素转化为有利的、积极的、合理的因素。帮助孩子分析行为的动机：好的动机，但因为没有经验而出错，先表扬，再分析犯错的原因，帮助孩子找出正确的方法。允许孩子尝试犯错之后去完善，才会让错误犯得有意义和价值。

• • •

孩子不必太听话

> 父母把孩子当做是和自己平等的一员，倾听他的想法和意见，然后父母说出自己的理解和建议，只建议，不强制，就不容易出现孩子和父母的情绪对抗，孩子也就更能够接受父母合理的建议。

孩子 11 岁，学习成绩还可以，品行也不错，可就是不听话。让他学钢琴，他非得打架子鼓；让他打网球，他却迷上溜旱冰；给他请了画油画的老师，他却喜欢画漫画……我很着急，这么小就总是由着自己的兴致来，一点也不受约束，将来怎么能做成事？对这样的孩子该怎么办？

● 孩子不必太听话

这样的问题经常被家长问到，而且似乎很多爸爸妈妈苦恼的是"孩子不听话怎么办"。我就回答："孩子不必太听话。"这不是开玩笑，而是我一直秉承的一种教育理念。"不听话"这三个字在很多爸爸妈妈那里是一个负面的词，可父母不是"真理之父""真理之母"啊，我们在强调要孩子听我们话时，是不是能够反思：我们自己真的所有的意识和行为都是正确的吗？是不是能够站在孩子当时的年龄特点考虑问题？

我曾经多次听到爸爸妈妈或者爷爷奶奶们说："我家孩子现在真是不知道怎么管了，一点也不听话""我家孩子真是愁人啊，自己想法特别多，学什么专业根本不听我们的"……

我们做父母的，总是把自己喜欢的或者自认为重要的强加给孩子，而不是平等地蹲下来，了解孩子"你需要什么""你喜欢什么"。其实，孩子从生下的那一天起，他就是个独立的、不同于我们的人。他的骨血里有我们的基因，但他的精神、感情、兴趣、爱好，是因他的生命特质、他的意识行为而生的，属于他自己的东西。当然，这些会受父母的影响，但父母对孩子施与的影响，也必须是在"顺应天性，尊重个性"的前提下进行。

心理学研究表明，人在孩提时期就已经开始形成独立的个体意识，家长过强的指令化教育会影响他的独立判断、爱好、意愿、追求等。因此父母把孩子当做是和自己平等的一员，倾听他的想法和意见，然后父母说出自己的理解和建议，只建议，不强制，就不容易出现孩子和父母的情绪对抗，孩子也就更能够接受父母合理的建议。

● 兴趣是最好的老师

我一直不把我的孩子是否听我的话，当成判断他是否是好孩子的标准，而是跳出自己的要求，客观看待孩子要做的事情对他的成长是否有益。当年我也给孩子报了很多兴趣班，但很多他都不感兴趣，我也就不强制了。他愿意踢足球，愿意上航模班，甚至愿意玩桥牌，那就循着他的兴趣来。因为兴趣是最好的老师。**我们总是想让孩子做有意义的事情，有用的事情，殊不知，孩子更多的是愿意做有意思的事情。**也只有让他们感觉到有意思的事情，他们才能坚持、专注地做下去，那最终的结果才可能是有意义和有用的。我们做父母的没有权力，也没有能力来确定把孩子培养成音乐家还是画家，我们的责任就是把他培养成为身心健康的人。至于将来他是什么家，做什么工作，还是应该让他本人来选择。

你的孩子既然学习成绩不错，品行也不错，我觉得你真的更应该给孩子更多民主的权利，尊重他的选择和想法。就像一棵小树，本来自然生长得很茂盛、很健康，可是有人觉得，它怎么长得和我想象的不一样呢？于是就去按照自己的意愿给小树剪枝条，小树的自然生长的状态就被畸形化了。比如孩子不愿意学钢琴，那就允许他练架子鼓；不愿意画油画，画漫画也很好啊。孩子有自己的选择，又不是去做什么不好的事情，应该尊重他的兴趣和爱好。

● 孩子"逆反"是自我意识的觉醒

孩子在 12 岁以后，进入所谓"逆反期"，这时，更要把这种尊重给予孩子。实际上我认为所谓孩子的"逆反期"，就是孩子自我意识的觉醒和成长期，这应该是很值得我们家长欣慰的行为。但还是有很多的家长，为孩子们觉醒的自我意识而烦恼，主要原因就是他们认为孩子"不听话"了，且自己的主张越来越多。事实上，那些"太听话"或"过于乖"的孩子，往往智力不错，但他们的自主判断、独立思考的能力和创造性思维，却往往比较愚钝。民间有句话说"'邪'孩是好孩"，说的就是那些有自己主张、判断，而不惧权威的孩子，是最可能有自己的个性发展的孩子。

经常听到父母对孩子说："闭上你的嘴，不要辩解了""你必须听我的，这是命令"……真的很为那些孩子担心。如果从小这种解释和辩解的权利不被自己的父母尊重，大了他就很可能成为一个被权威所屈服、不敢有自己主张的唯唯诺诺的人。我经常对儿子说："你有辩解的权利，但妈妈和爸爸的意见，你可以和你自己的想法对比一下，看看哪个合理。"结果往往是我们的意见被他采纳。即使偶尔不被采纳，我们也不觉得他冒犯了家长的"权威"。如果他用自己的成功，证明了我们建议的错误，我们会向他祝贺，并检讨我们自己；如果他用自己的失败，证明了他自己的错误，我们也不讥讽批评他，让他自己反省，下次他会更慎重地考虑自己的想法和父母的建议。

允许孩子有自己的主张，也可以和孩子辩论，但不是在愤怒的情绪中进行。在一种很平等、很平和的状态下，和他讨论与他发生分歧的问题，这样做也是通过示范让他养成一种习惯。将来在社会上，如果和别人的意见不同时，他就会无意识地让自己在这样的心境中，有理性地与别人交流沟通，而不是情绪化地争吵。

父母的话不是真理的标准，但在是非原则问题上，则必须很明确地表明父母的立场观点。他能服从，也是因为他自己思考了我们的意见之后，认为是正确的而愿意服从。一般来说，即使父母说的是真理，但非常苛刻地强求孩子去服从，结果也往往是不好的。

尊重我们的孩子吧，那个幼小的世界里，也有很多我们无法把握的东西。我们能够给予和应该给予的就是爱的阳光、空气和水分。

面对青春逆反期，需要调整的是父母

我们和孩子的世界不可能完全一样，让他成为他自己。也许，等他真正长大的时候，他却又成了你。

儿子 16 岁，经常一个人关着门，也不知道在屋里干什么，我推门进去，他就很敏感很不耐烦地问："干什么？"他平时爱较真儿，吊儿郎当、自以为是，迷恋游戏，一打就停不下来。我说他多了，他就赌气摔门出去。爸爸还有时候能说几句，但爸爸经常情绪不稳定，高兴的时候就和孩子特别好，不高兴的时候就对孩子没好脸色。现在主要的问题是他玩游戏上瘾，成绩下降，和父母很对抗。请问该怎么办？

● 家庭会伤人

16 岁的男孩子无论从生理上还是心理上，都在走过一个很重要的里程。这是一个从孩子的心态转为成人心态的转折期，也是所谓"逆反期"。

这个时候的孩子，没有自立但渴望自立，没有建立自己的社会交往圈子，但又渴望属于自己的友情……父母的庇护和家庭的天地，已经不能满足一个 16 岁少年飞翔的梦想。但是，在这时候，大多数父母还把他当做孩子，还不舍得放手支持他在家庭之外的另一个世界尽情施展他的才能。于是，做事莽撞、得意忘形似乎就是他的心理能量的一种释放，对父母反应和批评的极端敏感和吊儿郎当，就貌似他对父母权威的反抗。

所以，这个阶段，父母的态度以及对孩子心理的理解很重要。

我曾经见过一个 17 岁的男孩子和他的父母。朋友托我看看能否帮助这个 17 岁的男孩和他的父母沟通。因为这个男孩子已经不和父母说话快一个月了，原因是爸爸没收了他的游戏机，妈妈偷看了他的日记，他指着妈妈骂"卑鄙至极"。当时我感觉到了那个三口之家关系的极度紧张，爸爸压抑着愤怒，妈妈充满着伤心绝望，孩子情绪极度暴躁，主要指向是妈妈，甚至不停地用手指指着妈妈说："你再说，你在胡说，知道不知道？你懂吗？你懂什么？"当时看着那个妈妈绝望痛心的表情，我真是感到了一个母亲的心此时的滋味。可是，妈妈仍然禁锢在自己的思维里，指责孩子的不上进、不争气，爸爸抽着烟，偶尔冒出一句是帮着妈妈说话，但感觉得到他有很多无奈。可以想象得到，这个家庭内部成员彼此间平日里是一种怎样的交流状态。

我知道一次谈话解决不了一个家庭的问题，但我深深地感到：家庭在保护人的同时，也可能是最伤人的地方。父母用无私的爱培养了孩子的爱心、善良，但也会因无意识的控制、权力和自我为中心，使孩子产生攻击和叛逆。

● 父母的语言对孩子有雕刻作用

大多数父母在和孩子的沟通出现问题时，总是痛心、着急地去求助老师、朋友或者心理医生教育孩子。可是有几个父母，在面对孩子的问题时，能够首先去检省自己和孩子之间的感情、信息是如何交流、互动的？我有一个朋友是一个专门做青少年成长的心理专家，她开了一个"和孩子谈心工作室"。我问她："你觉得和孩子谈心能解决根本的问题吗？"她笑着说："我说'和妈妈谈心'有几个妈妈会来呢？都是父母把孩子们送来，我才能和他们的父母谈啊。"

我们经常听到父母对孩子说："你看你都这么大了，怎么还这么不懂事呢?"也经常听到很多父母在评价自己的孩子时，总是通过一些否定性的语言。父母的语言对孩子有雕刻作用，肯定或者否定性的语言信息达到一定的量，孩子就会把它们内化到自己的意识中，慢慢发展出父母支持或者反对的那些行为。比如，妈妈经常说"别玩游戏机了，没日没夜地说，会耽误学习的"。妈妈们比较倾向于用烦乱的情绪或者冗长的说教控制男孩子，而男孩子通常比女孩子需要更多的独立和自己的空间来尝试、证明自己，太多的管教会让他们觉得不被信任。这种叮嘱、唠叨太多，就让他生出抵抗、惩罚妈妈的办法——玩游戏上瘾。以逆反保持自己的独立，最终实现成长性的和父母的亲密关系。

所以，有时候问题的出现，对家庭关系来说不一定都是坏事，也许孩子无意识地在通过这样的行为，来引发家庭成员之间新的行为模式，重新建构一种对彼此的生命成长有益的模式。一般来说，和父母冲突越厉害的孩子，实际心理上越依赖父母。**聪明的父母会容忍孩子对抗和依赖的双重心理，给孩子足够的自主空间。**只要他去探索、建构的那个世界还算安全，和父母的价值观、信仰大致差不多，就不要太多干涉。我们和孩子的世界不可能完全一样，让他成为他自己。也许，等他真正长大的时候，他却又成了你。

● 改变关系相处模式

现在父母和孩子的冲突，往往因为父母过度强调学习成绩，而忽略了孩子其他的心理需求，导致孩子的行为问题。我们大多数父母表面上渴望着孩子成熟长大，但心里却希望孩子一辈子都乖乖听话。"听话啊，好好学习""听话啊，别贪玩""听话啊，放学按时回家"……难以想象，一个到老都只会乖乖听话的人，如何能够发展出自己的生命力量？

试试看，妈妈放弃"控制性"的爱，多用商量咨询的语气与儿子交谈，爸爸多和儿子参加一些他感兴趣的活动，夫妻之间对配偶的抱怨不要在孩子面前进行，父母尤其是父亲要保持情绪的稳定。和孩子沟通时，尊重孩子，即使和孩子的观点不一样，也不要和他冲突；即使孩子做了让父母愤怒的事情，也要控制自己的愤怒。愤怒是一种很复杂的情绪，失望、伤心、被拒绝和尴尬的感受都可能引发愤怒，这种情感涉及身体、思想和意志。所以，可以在愤怒的时候，控制自己去内省自己愤怒的原因，去表达自己的失望、伤心或者尴尬，多用陈述的语气，而不是用情绪去发泄。否则，不但于事无补，还会破坏亲子关系。

不要生硬地跟孩子说："来，咱们谈谈。"不妨说："我不想和你的生活脱节，希望每隔一段时间咱们能有几分钟的沟通，随便谈谈，让我知道你有什么需要我帮助的。"孩子抗拒也没关系，父母坚持，这样的方式他心里舒服，慢慢地心就向父母敞开了。

还可以鼓励孩子带他的朋友到家里来玩。这样父母了解他们的活动，了解孩子和他的朋友的交往方式，尊重孩子的朋友，孩子的朋友在孩子面前对父母也会有好的评价，也有利于父母和孩子关系的改善。或许，改变了关系，孩子的问题也会迎刃而解。

试试吧，相信爱会创造奇迹。

● ● ● ●
比起电子产品， 幼小的孩子更需要感受真实的世界

> 多带孩子到真实的生活中去，看自然万物的四季变换，看
> 人与人之间的语言交流和交往方式，和小朋友们一起玩耍，和
> 小动物一起嬉戏……大自然为所有的生命系统准备了丰富多彩
> 的信息，这些真实而丰富的存在，对孩子触觉、视觉、嗅觉的
> 刺激，远比人类的分类知识更自然、更具震撼力。

　　孩子 3 岁，爸爸在 ipad 上下载了很多适合孩子玩的游戏，比如填色之类的给宝宝玩。现在孩子常常自己抱着 ipad 玩，这样好吗？都说 3 岁之前的孩子要少看电视，为了这个，我们平时几乎都不开电视了，连新闻都不能看了，现在孩子大点了，是不是可以正常了呢？看电视真的会对孩子成长有不利的影响吗？

● 比起电子产品，幼小的孩子更需要感受真实的世界

　　最近我听说有一所小学的一个班级，一下子给孩子们每人配了一台 ipad，真是很让人感慨。在这样的一个电子时代，我们任何人都无法游离它对我们生活的影响，包括 3 岁的小孩子。谁知道，将来高度发展的电子科学，会怎样改变我们的生活呢？身处其中的每一个人，我们和我们的孩子，都无法拒绝。

　　我个人并不反对孩子接触电子产品，包括电视。只要对身体健康没有辐射等的危害，电子产品带给孩子一个神奇多彩的世界，对孩子肯定是有益智作用的。能够在上面动手做填色等游戏，身临其境地听故事，都会给

孩子益智刺激。

但是，这种刺激不能过度，不能把它当成不离手的玩具。因为那个 ipad 再人性化，再涵盖人在电子时代的需求，可它毕竟是一个虚拟的世界，它所显示和提供的都是人类生成的图形、色彩、音乐、语言；而且当今的教育学家、社会学家、心理学家共同研究出来的教育思想主张：**幼小的孩子需要在真实的世界中感受自然所给予的一切。他需要通过触觉、视觉、味觉等感官感受，在脑中建立起这些知觉的模型。过多地使用人类生成的音乐、图形包括言语刺激孩子，直接用语言等概念告诉他房子、树，告诉他很多人文的知识，给孩子一个人化的知识结果，会让孩子"变老"，会让孩子对外界事物的了解变得狭窄。**

大自然为所有的生命系统准备了丰富多彩的信息，鱼儿在水中游动，鸟儿在天空飞翔，澎湃的大海，多彩的四季山峦，神秘变幻的太空景致……这些真实而丰富的存在，对孩子触觉、视觉、嗅觉的刺激，远比人类的分类知识更自然、更具震撼力。粗犷质朴的大自然，能保持孩子们快乐天真的性情并使之延长，所以，在孩子小的时候，不管怎样都尽量抱着孩子回到自然。在他 2 岁之前，人类文化对他的刺激和教育不要超过四分之一的比例，四分之三要在自然中生成。2 岁以后，可以适当增加社会人文的接触比例，但也不宜以此为主。应该多带孩子到真实的生活中去。看到大自然万物的四季变换，看到人与人之间的语言交流和交往方式，和小朋友们一起玩耍，和小动物一起嬉戏……他的身体、器官、感觉和体力，都需要得到锻炼，一小时满身大汗甚至一身泥巴的玩耍，带给他的终生受益的东西，可能会比让他干干净净地玩三小时的电子游戏更多。

● 控制孩子看电视、玩 ipad 的时间

电视、ipad、电脑，都是电子时代孩子们热衷而且不可或缺的东西，在孩子两岁之前，还是尽量越少接触越好。3 岁之后，可以适时地看一些儿童节目，有节制地接触 ipad 中一些适合这个年龄段的孩子的内容。关键是要培养孩子的节制、自控能力，父母不能失去"监督"，但不是唠叨和强行制止。3 岁之后的孩子已经具有相当强的自我意识和独立要求，这个时候若找不到和孩子沟通的有效方式，不利于建立健康、和谐的亲子关系。

做父母的要了解电视等电子荧屏对幼儿视力发育的影响。电视画面的快速转换会引起孩子的注意力紊乱，使孩子难以集中精力专注于某一件事。看电视还是一种被动性经历，会导致孩子形成一种"缺乏活力"的大脑活动模式，有些孩子长久在被动的智力活动中，容易失去对事物的感受和思考能力，久而久之，思维反应可能会较为迟钝。

现在电视是很多家庭的"亲情杀手"。吃过晚饭到睡觉前，多半是父母与孩子沟通的重要时间，是亲子同乐的时候。如果让孩子跟着父母看电视，无疑在中间加进了一个"第三者"，对孩子的身心发展都会产生不利的影响。父母可以和孩子共同选择大家感兴趣的节目，或者共同选取游戏，主动参与到孩子的兴趣中去。不要把电视当成给孩子消磨时间的玩具。6 岁之前的孩子，每天看电视的时间不应该超过半小时。

总之，电视只是我们娱乐的一个工具，不光孩子，一个成人如果整天抱着电视看，也是不正常的。不过，也不用平时几乎都不开电视，连新闻都不看了，在电视成为信息传达最直接的手段的时代，我们无法把它完全拒绝在家庭和孩子的生活之外。主动权在我们手中，好好利用它，就不会影响我们的生活和孩子的健康成长。

●●●
以时间、 耐心与智慧缓解孩子"入园难"

> 如果愿意在孩子发脾气时坐下来，把他搂在怀里，允许他哭上半个小时，真的会比千言万语的"教育"还管用。

女儿3岁，上幼儿园两个多月了。早晨入园非常困难。老师还反映女儿在幼儿园里害羞，不爱说话，不和小朋友玩。我很着急，真不知道怎么办好。

● 留出充裕的告别时间

孩子接触新的环境，有不适应也是很正常的。但是已经过去两个月了，孩子的反应还这么大，肯定有原因。家长需要多和老师沟通情况，了解孩子在幼儿园的详细情况，还要多加关注孩子的心理状况。

她强烈抗拒去幼儿园的行为中，似乎有心理恐惧和不安全感的表现。所以，在她哭的时候不要又哄又吓，否则会更增加她的恐惧和不安全感。建议提前送孩子到幼儿园，留出充裕的时间让她和妈妈告别。她哭，妈妈就陪着她，让她在那里哭上个半小时，一直到她哭够了，看看她会有什么变化。孩子哭的时候，可以对孩子说，"你这样伤心我很难过"，"你不好受，我就在这儿陪着你"。不要说"别哭了，小朋友们笑话你了"，也不用说"今天妈妈早点来接你"。妈妈只要轻轻地搂着孩子，允许她尽情地大哭，一直到她安静下来。这时妈妈可以轻声地问孩子："领妈妈去见见你幼儿园里的老师和小朋友吧?"她如果还不愿意去，妈妈可以继续跟孩子沟通。经过大哭之后的孩子哭出了内心的委屈，已经整理好了自己的不良情绪，她会变得比较容易沟通，也能够听得进话。妈妈的关切和倾听，让孩子感受到了爱，她便不再恐惧，就会安下心来。

曾经有个孩子在上幼儿园半个月后，出现了强烈的对幼儿园的抗拒行为。孩子妈妈专门用这样的方法陪了孩子 5 天。头三个早晨，妈妈每次都留在车里听孩子哭上大半个小时。等孩子哭声一停，她就温和地说，“行了吧？下车妈妈陪你一起进大门吧?”孩子又抽泣起来，紧紧抓住她，但是已经安静下来，还望望四周，转转汽车方向盘，然后噘着嘴勉强同意进校门了。第 4 天，孩子比以往哭得还强烈，可只持续了十多分钟，然后自己磨磨蹭蹭进了校门。第 5 天，孩子没哭，但向妈妈提了很多条件，“下午早来接我”“晚上回家你带我去看狗狗”……然后用力地抱了抱妈妈，一个人跑进了校门。幼儿园的老师说，孩子在这几天内明显地自信心增强了很多，在园里也开朗了很多。

可以看出，**孩子在面对新的挑战时，如果能得到妈妈的理解和倾听，他们会信心大增**。也许为了清除某种情感创伤，孩子可能需要多次倾听，需要父母付出相当的耐心和时间。但我们会很欣喜地看到，每一次倾听之后，孩子最初表现出的软弱状态会获得明显的改进。倾听可以逐渐减弱不良情绪对孩子的控制，一旦完成整个倾听过程，孩子自己的良好判断力就会得到恢复，他自己就会纠正自己的偏激行为。坐下来听孩子哭上半个小时，对今天惜时如金的父母来说不容易。也许你会为工作、为赚钱去忙一天，如果愿意在孩子发脾气时坐下来，把他搂在怀里，允许他哭上半个小时，真的会比千言万语的“教育”还管用。不妨试试看。

和老师沟通，有的放矢解决问题

整理了孩子进幼儿园的坏情绪之后，还要了解孩子在幼儿园的情况，看看她是否不愿交朋友，是否生活自理能力不行，是否老师的教导方式有问题……然后有的放矢去解决问题。

有的孩子进幼儿园后三四个月还没有交上朋友，这样的孩子一般来说都是老实、怕羞的孩子。幼儿园的老师如果是有保育工作经验的人，对这种事不会感到奇怪；可如果是没有经验的老师，就会在给父母的联络本上写上孩子不合群等，父母看后就会惊慌失措起来。其实这样的孩子，如果能高高兴兴去幼儿园，在家里能和父母什么都说，到目前为止还没有任何异常，就不必担心。他只是需要更多的时间去适应新环境，父母要做到的是，坚持送孩子上幼儿园，尽量不要间断，持续一段时间就好了。

在幼儿园中，一般一个班里有 40 个孩子甚至更多，老师只有两个，很难照顾到每个孩子的情况。人前不好意思说话的孩子，就会不说话，不说话老师就意识不到他的存在。不过这样的孩子，只要将同样性格的孩子组成一个小组，让他们自由地玩耍，就能和在家里一样，自由自在地表达自己的意志，也可以联络和朋友的感情。所以，要多和老师交流，让老师多给孩子创造这样的机会。小孩子很容易玩到一起，一个共同感兴趣的活动下来，互相之间就打打闹闹成了好朋友了。

家长不妨平时多带孩子跟同龄的孩子接触，鼓励他和陌生的、熟悉的同伴交往，时间长了，害羞的孩子也能拥有自己的小圈子。

幼儿园是为各种性格的孩子的发展创造的一个良好环境，害羞敏感的孩子也可以融入幼儿园这个小社会中，以便将来勇敢地迈入大社会。所以，在选择幼儿园的时候，父母也要根据自己孩子的情况，多费一番心思。

为孩子选择玩具的智慧

> 小时候，比任何玩具都更让孩子喜欢和着迷的还是爸爸妈妈，你就是孩子最好的玩具！

孩子不到两岁，家里的玩具很多，有别人送的，有爷爷奶奶买的，可一到玩具商店，她还是不停地要。很想知道，该怎样给孩子选玩具？玩具在孩子的生活中有多重要？

● 父母是孩子最好的玩具

现在的孩子真是幸福啊，有各种各样的玩具陪着度过童年。可是，要知道，比任何玩具都更让孩子喜欢和着迷的还是爸爸妈妈啊，你就是孩子最好的玩具！

孩子们需要和父母单独相处而不被打扰的时间，需要被重视。孩子需要只有和父母才能做到的独特的情感表达和关系沟通，需要从父母那儿获得安全感，和父母建立一生的亲密关系！这是那些即便色彩鲜艳、造型优美奇异的儿童玩具也不能替代的。

这样说，并不是否定玩具在孩子童年中的重要性。只是意在父母对孩子有足够的陪伴的前提下，再来谈玩具对孩子的意义和父母对玩具的选择。

● 玩具不是孩子打发时间的"玩伴"

二十多年前，我的儿子小时候，那时玩具市场远没有今天这样丰富，我在有限的经济条件下，最大限度地满足着孩子对玩具的好奇，也利用玩具给孩子做了很多的益智训练，可以说是受益匪浅。现在城市的孩子们没有机会在大自然中玩泥沙、掏蚂蚁洞、爬树、荡秋千……玩具是近似实物的具体的物体，可以满足儿童操纵摆弄物体的愿望，锻炼动手动脑能力。现代科技使玩具玩法多变，造型、声音、色彩都可以引起孩子的兴趣，激发孩子做游戏的愿望。所以，不要认为玩具对于孩子就是打发时间的玩伴。孩子的"全职工作"就是玩耍，玩具给孩子带来的不仅是丰富多彩而愉快的童年，还有很多潜在的启发作用。

● 不同年龄的孩子对玩具有不同的需求

0～1岁的孩子需要感官的刺激。触觉、视觉、听觉等比较敏感，可以选择一些摇动、声响玩具。在婴儿车上吊一个转盘玩具，通过玩具摇摆晃动，吸引孩子的注意力，刺激他的视觉听觉。还可以通过玩具的声响、晃动，带动孩子练习翻身、爬行、站立甚至行走。

1～2岁后，孩子开始学会独立行走。可以增添一些推拉、球类的玩具，满足孩子攀登、投掷、跳跃等愿望，帮助孩子在独立行走中保持平衡。积木玩具的形状和色彩，可以对孩子进行初步的智力启蒙，不妨让孩子玩，但材质要安全，不容易对孩子造成伤害。我不太建议这个年龄给孩子太多的有语音、单词或简单旋律的儿歌玩具。因为此时是孩子通过环境进行语言学习的关键期，最好的语言启蒙还是来自父母和孩子的交流以及和周围人的交流，让孩子在模仿中逐步形成语言能力。

2～4岁时孩子的语言理解能力进一步升级，这时可以适当为他购买一些造型简单、色彩鲜艳、图画较大的单词玩具等，让孩子逐渐熟悉文字环境。这个年龄的孩子的玩具样式、造型可以多样化，让孩子在触摸的时候，感受到不同变化的触感，增强其脑部的全面发育。还有，像木马、秋千等摇晃玩具，既可以培养孩子的平衡能力、肢体协调性，也能给孩子们带来欢乐的时光，永远是孩子们的最爱。

4～6 岁的孩子已经形成自己的意识判断和性格，这阶段的很多孩子都喜欢过家家，往往是女孩子拉着男孩子介入游戏。毛绒玩具、芭比娃娃等，常被孩子拟人化，当成是"孩子"的角色，而孩子自己则扮演"大人"的角色。为孩子提供这方面需求的玩具，能够培养孩子的独立和社交能力，促进孩子情商的发展。

6 岁以后的孩子，性格已经基本形成，开始接触到家庭以外的世界，小朋友、老师将成为他人生中重要的一部分，父母需要注意发展他的各种兴趣，给孩子尽可能多的选择。绘画、音乐玩具、益智玩具、户外玩具都可以满足孩子的好奇心，扩展孩子的视野。像滑梯、攀爬楼梯、沙滩玩沙等工具，可以锻炼孩子的身心，增强孩子的平衡、社交等能力。

成长是一个过程。对于孩子来说，那些曾经陪伴着的人和物，都会在他的生命中留下印痕。妈妈柔软的头发，爸爸温暖相牵的手，毛茸茸的小狗，天上飞翔的风筝，那些盛着孩子的惊叫和笑声的滑梯、魔方、面具，是爸爸妈妈的记忆，也是孩子的财富。把科学的爱藏在玩具中，送给我们的孩子吧，这是孩子的需要，也是父母的需要！

● ● ● ●

早教班要不要上

任何生命的成长都有其自然的规律，不当的帮助就等于结束了它自然成长的过程。早教的实施，如果不按照孩子成长的自然规律，也会变成孩子成长的一种阻碍。

　　孩子两岁了，调皮爱动。每天和阿姨在家，院子里孩子也少，不太出去玩，感觉孩子的脾气越来越差。妈妈很犹豫到底要不要给孩子报早教班，身边的父母都很热衷于各种早教机构，孩子如果不上这种班，就会落后吗？

● 孩子需要更多的信息刺激

　　不光宝宝，就是小狗总是在家关着，没有同伴玩耍，脾气也会急躁啊。当然，脾气差也可能还有别的原因。但是，每天足够的活动量，对于孩子来说是很重要的，尤其是调皮爱动的孩子，一定要多带他出去玩。

　　如果孩子在家的环境比较封闭，平时也没有机会和小朋友玩，经济条件允许的话，可以让孩子去早教班。起码在早教班里有很多的小朋友，有老师陪着孩子玩耍，孩子会感觉到一个小社会，接触到同龄的孩子，对孩子的性格也有好处。问题是现在很多的早教班对"智力开发越早越好"的做法有偏颇。很多早教产品是针对左脑，或者说是人文与社会范畴的内容，去开发孩子的智力，是拔苗助长的教育，而不是针对右脑的。

　　在孩子小的时候，帮助孩子接受各种信息的刺激，对孩子右脑的发展有益。尤其是音乐、舞蹈、绘画、戏剧，会帮助孩子发展对自然形体、色彩、质感的感知，让他的心灵受益。根据年龄给予足够的信息刺激，如果孩子具有某种天赋优势，成长到一定的年龄就会凸显出来。不要把孩子的兴趣固化，只要孩子有某种兴趣就去鼓励他。当他兴趣转移的时候，说明这种刺激已经完成了，再允许孩子去体验新的兴趣，这样的"早教"不带成人的功利，就不是孩子的压力，而是撒在他生命的泥土里的一粒粒种子，到了一定的时候，就会自然发芽长大。我觉得这是早教的意义，而不是使用过多的人化的知识去刺激孩子，让孩子变成一个个的"小大人"。

有这样一个故事：有一位好心的路人，看见路边有一个蛹在经历着变蝴蝶之前的挣扎，就忍不住上前替它剥下了茧。结果，蛹结束了艰难蜕变的痛苦，但是却再也变不成蝴蝶了。任何生命的成长都有其自然的规律，不当的帮助就等于结束了它自然成长的过程。早教的实施，如果不按照孩子成长的自然规律，也会变成孩子成长的一种阻碍。

● 你的身边就有早教资源

其实，3 岁之前的早教，选择正确的早教班当然可以，但如果对其没有把握，或者经济条件不允许，也并不一定要上这班那班的。日常生活场景中也蕴含着孩子意识成长、审美想象的来源。在我的孩子小时候，没什么早教班，我把更多的时间用在给孩子讲故事，带孩子出去旅游上。讲故事时我选择的是图画色彩鲜艳的图书，一幅画面，一行字，有的甚至就一个字，这样孩子就是在"整体识读"。旅游也不一定是花钱参加旅游团，把孩子放在自行车上，在城市的大街小巷转，到近郊的乡村看山看水，看自然的四季变换，趁孩子体验之时，给孩子随机讲一些有关的知识，这也是早教。

每个父母自己、每个家庭都隐藏着很多信息系统，父母需要学会把这些作为教育孩子的资源，在自己的家庭中去寻找一种好的智力引导方式，并结合一些孩子喜欢、易于接受的其他方式，我觉得这也是很经济、很适合两岁孩子的早教。

不上早教班，并不意味着孩子就会落后，但对于孩子早期教育的重视，把科学的爱给予孩子，一定会让孩子受益，这应该是无疑的。

正确认知孩子的"专注力"

> 孩子的教育是一种养成教育，这种养成教育既不能违背儿童的心理、生理特点拔苗助长，也不能听之任之，忽略他成长过程中可能抓住的每一个良好的教育机会。孩子的成长是一个一环扣一环的漫长却短暂的过程，就像播种，抓住了对的时机，也自然就有好的收获。

孩子 3 岁 7 个月了，幼儿园老师反映她做事情总是不专心，比如涂颜色时边玩边涂，总是最后一个完成。上课时她也很爱动。我也知道宝宝这个毛病，也试图帮她纠正这个坏习惯，但成效不明显。如何才能让宝宝专心做事呢？

● 有意注意和无意注意

朋友的女儿 3 岁，也是刚上幼儿园，老师也跟她说孩子上课坐不住、不专心，她担心孩子是不是有什么多动症，就请我和她一起观察一下孩子。

那天我带了一个密封好的盒子，盒子里放着一个帝企鹅玩具，里面还放了我给孩子的另外一个小玩具。我见到孩子的时候，先跟她打招呼："小团团，我今天给你带来了一个神秘的客人。现在它在盒子里睡了，对了，她也给你带了个小礼物，等她醒了，咱们一起请她出来，好不好？"然后，我就见孩子用出奇的眼神盯着我手中的盒子，我一边观察着孩子的变化，一边先用手悄悄在底下划动盒子，发出类似"呼噜"的声音，我说："这个神秘的朋友刚刚从南极回来，走了很长的路，太累了，睡着了……"然后，我就跟孩子讲帝企鹅的故事。整整半个小时里，那孩子专心地、一动不动地听我讲完，而且还轻轻地用手摸着那个密封的小盒子，耐心地等待着她醒来……我和她的妈妈会心地笑了：没有什么好担心的了，能够这样专注听故事的孩子，怎么可能会是专注力有问题或者是什么多动症呢？关键是看看课堂上学的内容是不是孩子感兴趣的。

人的注意力分有意注意和无意注意。有意注意需要一定的年龄，才能维持较长的时间。小孩子是以无意注意为主的，有意注意是很短暂的，也许只有十几分钟的时间，甚至更短。所以，**要允许他不能维持较长时间的有意注意，允许他多动多跑**。同时，针对他的心理特点，充分利用他的无意注意，使之转化成早期开发其智力因素的优势。可以利用孩子的好奇心，引起他的无意注意，来加强他的有意注意。

从本质上说，人就是一个探究者，有时候一件细小的琐事，会开辟一个新的和无止境的领域。在一些看似无意义的细节上，他得到了心理激励，集中注意力，加强专注力的能力，并获得成长。

● 影响孩子注意力的因素

一般来说，影响孩子注意力的因素主要有几个方面：(1)生理方面。由于孩子大脑发育不完善，神经系统兴奋和抑制过程发展不平衡，故而自制能力差。这是正常的，只要教养得法，随着年龄的增长，绝大多数孩子能做到注意力集中。(2)病理方面。轻微脑组织损害、脑内神经递质代谢异常等可引发儿童多动症，主要表现为注意力不集中、活动过多、冲动任性、情绪不稳、行为异常、学习困难；神经根结构或功能异常可引发儿童抽动症，除了主要表现为交替出现的刻板式眨眼、皱眉、努嘴、清嗓音、扭脖子、耸肩、甩胳膊、踢腿外，也常伴有注意力不集中。另外，有听觉或视觉障碍的孩子也会被误以为充耳不闻，不注意听或视若无睹，缺乏学习意愿。这些情况需要得到专科医师指导下的治疗才能改善。（3）饮食与环境方面。糖果、含咖啡因的饮料或掺有人工色素、添加剂、防腐剂的食物，会刺激孩子的情绪，影响专心度。此外，环境污染造成血液中铅含量过高也有影响。这点需要家长注意孩子的饮食和环境。（4）家庭方面。教养态度与家中生活习惯对孩子的行为影响极大，也常是影响孩子最主要的因素。例如：家长对孩子教养态度不一致常使孩子无所适从，没有定性；过度的宠爱会导致对孩子的纵容，往往使孩子随心所欲，爱做什么做什么，没有忍耐、克制情绪、克服困难的观念，做事自然难以静下心来进行到底；为孩子买过多的玩具或书籍，外在刺激太多，玩着汽车又找别的玩具，一换再换，玩具只带给孩子短暂的吸引，无法在玩的过程中感受到发挥想象力与创造力的乐趣；家里的活动太多，无法给孩子提供安静的环境，生活总在浮躁的气氛中度过。

如果孩子没有以上的原因，一般专注力都不会有什么问题。

● 养成教育培养孩子专注力

专注力的培养，应该从孩子小时候入手。一个两岁的孩子蹲在地上，全部精力集中于一个圆柱和可以把圆柱放进去的木洞，还有一系列的类似的积木，一遍又一遍，那种聚精会神的"工作"态度，是我们成人很少有的状态。完成"工作"后，他那种满足、轻松和快乐，就好像他完成了一项多么崇高的工作。多给予孩子这样的机会，就是对孩子专注力的训练。

当我们发现孩子在认真地观赏小鱼、蚂蚁，或者对一个玩具充满兴趣时，尽量不要去打断他，他的好奇心促使他在不自觉地锻炼和延长他的注意力的持久性。如果这个时候去干扰他，就等于让他注意力转移，就会影响他的专注力。这样注意力容易转移，专注力不持久的孩子即使长大了，读书、做事也很容易分心，将来上学听课时，做不到认真听讲，学业成绩就不能达到应有的水平。

孩子小时候有时会反复让大人讲一个故事，大人都觉得讲过好几遍了，怎么还要听啊？对，这就是孩子的特点，他要反复体验他感兴趣的，直到他不再好奇。所以，这个时候我们不要拒绝孩子，只要他喜欢听，就继续给他讲下去，这也是培养他的专注力的形式之一。

要想使孩子的注意持久，成人不能强迫他做什么，而要让他知道为什么要这样做，激发他做好这件事的愿望。有位妈妈和孩子种一颗豆放在窗台上。妈妈对宝宝说："这颗豆不久会长出绿色的长长的叶子，你要是看到它发芽了，就赶紧来告诉妈妈。"这样就交给孩子一个任务，为了完成妈妈交给的任务，宝宝每天都去阳台，观察注意它，这种关注，也是一种锻炼。

另外，在培养孩子的注意力持久性上，还要根据幼儿的特点，选取适合他的心理特点的场地、氛围、内容，让他在他感兴趣的环境中，接受愉悦的教育。

我一直认为，孩子的教育是一种养成教育，这种养成教育既不能违背儿童的心理、生理特点拔苗助长，也不能听之任之，忽略他成长过程中可能抓住的每一个良好的教育机会。孩子的成长是一个一环扣一环的漫长却短暂的过程，就像播种，抓住了对的时机，也自然就有好的收获。

● ● ● ●

一位诺贝尔奖获得者记忆中的幼儿园

> 幼儿园是孩子社会化的第一步，最应该做的是培养孩子的习惯、能力、兴趣。用孩子们感兴趣的方式，引导孩子对学习的兴趣，增强他的专注力，要比填鸭式的识字、算数更重要。

孩子正上幼儿园大班，马上就要上小学了，可是却不认识几个字，也不知道学习。让他做题吧，30 分钟的时间根本坚持不了，坐不住，一会儿玩玩这个一会儿玩玩那个，在幼儿园里他也没学多少知识，这样孩子上小学会不会跟不上？孩子在幼儿园到底应该学一些什么知识？

● 一位诺贝尔奖获得者记忆中的幼儿园

1978 年，75 位诺贝尔奖获得者在巴黎聚会。人们对于诺贝尔奖获得者非常崇敬，有个记者问其中一位："在您的一生里，您认为最重要的东西是在哪所大学、哪所实验室里学到的呢？"这位白发苍苍的诺贝尔奖获得者平静地回答："是在幼儿园。"记者感到非常惊奇，又问道："为什么是在幼儿园呢？您认为您在幼儿园里学到了什么呢？"诺贝尔奖获得者微笑着回答："在幼儿园里，我学会了很多很多。比如，把自己的东西分一半给小伙伴们；不是自己的东西不要拿；东西要放整齐；饭前要洗手；午饭后要休息；做了错事要表示歉意；学习要多思考；要仔细观察大自然。我认为，我学到的全部东西就是这些。"所有在场的人对这位诺贝尔奖获得者的回答报以热烈的掌声。

看，这就是一位诺贝尔奖获得者对幼儿园学什么的认识。

最近，教育部发布《3～6岁儿童学习与发展指南》（征求意见稿）①。《指南》很具体地列举了各个年龄段幼儿的学习和发展目标。这对家长来说，也是一个很好的科学参照。针对5～6岁学龄前儿童，"能通过实物操作或其他方法进行10以内的加减运算"。对于5～6岁的孩子，《指南》并没有标明这个年龄段的孩子须认字，只说明"在阅读图书和生活情境中对文字符号感兴趣，知道文字表示一定的意义"。教育部表示，实施《指南》的原则之一就是要遵循幼儿的发展规律和学习特点，切忌盲目和急功近利，严禁"拔苗助长"式的超前教育和强化训练。

幼儿园是孩子社会化的第一步，最应该做的是培养孩子的习惯、能力、兴趣。这个年龄的孩子的理性是沉睡的，道德说教会抑制孩子心灵的自由发展；这个时候孩子的学习应该是一个宽泛的概念，而不应该是某个具体知识点的传授。**用孩子们感兴趣的方式，引导孩子对学习的兴趣，增强他的专注力，要比填鸭式的识字、算数更重要。**

● 比学知识更重要的是学会独立

幼儿园、保育园的最后一年一定要做好上学的准备，但并不是看孩子能写多少字，算数的能力如何，比让孩子早些掌握文字、数学更重要的是，要让孩子学会独立，能适应集体生活。

首先，必须锻炼身体，养成良好的生活习惯，教会孩子能够基本自立。在作息时间上，慢慢调整孩子的生物时间，以适应他所上的学校的规律。

---

① 以下简称《指南》。

孩子在学校里是要组成班级一起进行学习的，因此必须学会集体行动，学会与小朋友合作。教会他面对伙伴，能清楚地表达自己的意见。培养他们对集体的责任感，多进行一些相互合作的游戏，在游戏的过程中培养孩子的合作意识和合作能力。可以试着让他们做各种各样的值日活动，如在家扫地擦地，整理自己的小房间，吃饭前摆放椅子、碗筷等。

做好了这些准备，来年，当孩子背上书包，走向校园，和父母挥手说再见时，相信那个小小读书郎从他上小学的第一天起，会以令我们惊喜的速度成长。他真正的学习生涯，就从这一刻开始了！

● ● ●

别拿成人的道德观压垮了孩子

在今天这个尊重人性的时代，我们应重新看待传统教育方式所训导孩子的"礼貌""无私"等，遵循孩子人性本真自然的教育方式和理念，潜移默化地把孩子带入人类的优秀精神文化中，才能更好地促进其精神的成长。

　　孩子3岁，经常拿别人的东西，可她的东西她却一点也不愿意给别人。给她讲"孔融让梨"的故事，要她学会谦让，学会和别人分享，不要自私，她却说："我喜欢大的，我就是要大的。"上幼儿园以后，我发现她有时候会把小朋友的东西"偷"回家，告诉她不要拿别人的东西，可她还是经常会对人家孩子的东西感兴趣，我为此很头疼，不知道该怎样纠正她的这个坏毛病？

● **"孔融让梨"与"约翰争苹果"**

　　说到"孔融让梨"，我想到最近刚看到的手机上一则关于让梨的孔融的故事。孔氏是孔子的二十世孙，但他43岁为保命丢弃妻儿的行为却鲜为人知。孔融因忠于汉室得罪了袁绍，守地被袁军攻打。虚妄狂放的他生怕有损他处变不惊的名士形象，仍故作镇定饮酒吟诗不督战。直到袁军破城，他才在亲兵掩护下出逃，被丢下的妻子和两个儿子殉难。他能让的也就那个梨。

　　这件事是不是真的，我没有去做历史的考证，但有一点确实可以肯定：从小被教育成"无私的乖小孩"的人，长大之后未必就是有情义有担当的无私男子汉。当然这和"孔融让梨"没有必然的联系。

人类原始的感情是以自身为中心的。一个道德和理性尚处于睡眠期的 4 岁孩子，为什么能够克服人类天生的独一无二的欲念——自爱，也就是从广义上说的自私，而做出宁可自己吃亏也谦让他人的伟人之举？曾经有人质疑，当时孔融让梨是不是因为知道自己争不过兄长，就违背了自己的意愿选择了小的，还获得父母的赞赏？虽然不敢苟同，但也觉得不无道理。要是果真小小年纪就知道曲意讨好他人，如此虚伪有城府，这孩子就"早熟"和"懂事"得有些可怕了。我们喜欢孩子自然率真的"自私"，也应当允许这种人性自爱的存在，只是怎样将它引导至和他人、和世界有利的关系中来。

西方有个"约翰争苹果"的故事。说的是一位叫约翰的成功人士，小时候的某一天，妈妈拿来三个大小不同的苹果，约翰和弟弟们都争着要大的。妈妈就把那个最大最红的苹果高高举在手中，说："孩子们，这个最好的苹果你们都有权利得到它，但是只有这一个怎么办？咱们来做个比赛吧，我把门前的草坪分成三块，你们三人一人一块把它们修剪好，谁干得最好最快，大苹果就属于谁。"结果约翰干得最快最好，他就赢得了大苹果。

"孔融让梨"和"约翰争苹果"是中西文化体现在教育理念和教育方法上的不同，两者利弊很难一言以蔽之。但是，在今天这个尊重人性的时代，我们应重新看待传统教育方式所训导孩子的"礼貌""无私"等，遵循孩子人性本真自然的教育方式和理念，潜移默化地把孩子带入人类的优秀精神文化中，才能更好地促进其精神的成长。

● 幼小孩子的"偷摸"是内心的需要

父母发现孩子拿了别人的东西，不要立即视孩子有了"偷摸"行为，严加审问，严厉处罚。因为绝大多数孩子并不是为偷而去拿别人的东西，只是内心产生了需要感，"那个东西我没有"，"那个东西我喜欢"，"我想要"……这种需要促使孩子有了"拿"的行为。其实孩子的心中可能还没有物品贵重与否的概念，就像卢梭所说，"一个小孩子宁愿失去一百个金币而不愿意把一块点心给别人"。

当然，孩子拿了别人的东西，父母也不能满不在乎，以为小孩子的行为没什么，甚至还认为孩子乖巧，拿了别人的东西是占到了便宜。爸爸妈妈在日常生活中的言行要为孩子做表率，及时对孩子的行为进行"随机教育"，指导孩子认识自己的"所有权"。"这是我的"，自己有权使用和安排；"那是别人的"，他不能随意拿来据为己有。

小孩子没有你我的概念，没有你的所有权、他的所有权的区分，只有他喜欢和需要的感觉。不要对孩子说："你怎么偷别人的东西啊？这可不是好孩子。"这是指责，不是教育，会让孩子有一大堆情绪债务的。孩子会认同"我不是好孩子"的观念。孩子若拿了他人的玩具，家长可以对孩子说："这个东西是他的，但是你要征得他的同意才可以玩，他不同意你就不能拿。"

● 允许孩子有几样私有的东西

一个小男孩看好表姐的玩具，想要。可姐姐不在家，姨妈就对他说："这是姐姐的，姐姐没有同意我不能随便给别人，你可以自己问问姐姐。如果姐姐还有用，姨妈就给你另买一个，好不好？"男孩点点头，然后若有所思地说："我妈妈怎么不等我同意，就把我的东西随便送人了呢？"姨妈笑着说："告诉妈妈，以后要尊重你的所有权啊。"男孩子笑了，笑得若有所悟。

这样的过程，是把"私权"的概念用一种孩子能够感觉得到的形式，渗透进孩子的心灵。长大之后的他，既能够保护自己的"私权"，也会尊重他人的"私权"。

人的第一个正义感产生于别人怎样对我们，而不是怎样对别人。一个孩子喜欢别人的东西，未经同意拿回自己家中，父母不要简单地说教，要他"慷慨""无私"，而应该让他知道财产的概念。为了让他有这样的概念，就必须让他拥有几样私有的东西。

在孩子达到懂事的年龄以前，他对精神的存在和社会的关系是没有概念的，要尽量用他可以感觉得到的事物去影响他。让他通过自己拥有的权利感，去感觉他人的所有感。"这是属于你的"，那件私有的东西，使他意识到他为此花费的时间、劳动、人格等受到了尊重。教育不能颠倒，显示了权利，责任就会被强化。我们不能先谈责任再谈权利。告诉孩子："你的娃娃要是被别人拿走了，你不是也会生气吗？小明的玩具被你拿来了，他心里一定会很难过的。"推己及人的道理最容易被孩子接纳、吸收，因为让他体验到了。

如果父母发现孩子拿了别人的东西，孩子害怕，不敢承认东西是他拿的，撒谎说"是他给我的"……家长不要用惩罚来逼供，可以直截了当地、坚定地说："我知道是你拿了人家的东西，拿了别人的东西就得还给人家！"

在孩子知道自己做得不对后，最好让他自己去把东西还给人家，父母不要把孩子的过错揽过来，替孩子承担责任，这样会使孩子丧失责任感。如果孩子还小，家长应带着孩子去还。这时，教给孩子礼貌用语："对不起，没经你同意，把你的东西拿回家玩了，现在还给你，请原谅。"

如果孩子所拿的东西的确是孩子所需要的，父母可以设法满足他。但必须告诉孩子：今后如果你想要什么东西，爸爸妈妈觉得可以，一定会满足你。但你一定要明白，不是自己的东西，没有经过别人的同意是不能拿的。如果实在不能满足孩子的需求，要耐心地对他讲明理由，也不要为了让孩子高兴就轻易承诺却无法兑现。

人若没有自爱，就很难会去爱人。人若不懂自己的"私权"，就很难尊重他人的"私权"。我们希望把人类精神中无私、慷慨、正大光明的品质，输入存储于孩子的精神世界，这是一个自然而漫长的过程。在这个过程中，首先要尊重孩子人性中自然的"自私"，尊重他人的"自私"，才能把社会性中的"无私"输入那个满足的心灵。

家长真正的教育不在于口训，而在于实行。只有在日常生活点滴的耳濡目染中，孩子才能养成心灵的习惯，而不仅仅是手上的习惯。

"穷孩子"的自卑来自父母

> 穷孩子的自卑不是来自他自己，是来自父母。家庭内部的情绪传递，是非常容易而普遍的。父母越关注的事情，越担心孩子的方面，孩子越容易在这方面出现问题。

孩子上初中一年级，班里很多孩子的家庭要么有钱，要么有权。我们家庭经济条件一般，孩子的爸爸有病，我一个人的工资养着一个家庭。孩子倒没攀比什么，学习成绩在班里也不错，但是每次开家长会，或者参加他们班里的什么活动，我心里对孩子就挺愧疚的，也害怕孩子因此而自卑。该怎样避免孩子在学校的这种心理落差呢？

● 孩子的心和成人的心不一样

我能理解一个母亲渴望把好的物质条件给予孩子的心情。但是，我觉得这个问题真的不是教育孩子的问题，而是父母自己的问题。

确实，如今社会存在贫富差距，可以说，孩子从上幼儿园开始，就有了潜在的阶层意识。孩子们穿的衣服、玩的玩具、交通工具、居住的环境，都有着很大的不同，这些都是他们生活的现实。孩子们的世界也是一个小社会，他们之间很小就开始交流、比较，家庭条件不好的孩子从小就知道"我家穷"，那些条件好的孩子也很自豪"我家富"。我们成人看到的也是这些孩子之间的区别，担心孩子会因为穷而自卑。其实，孩子的心和我们成人的心不一样，观察世界的眼光和我们也不一样。他们之间会互相比，但大多数孩子相处、玩起来的时候，并不在乎贫和富的差别，而是互相之间感情的满足和兴趣的相投。个别的因为"阶层"而产生自傲或者自卑的孩子，一般不是孩子的问题，而是父母的问题，或者说，是父母的心态在孩子身上的投射和映照。

● 穷孩子的自卑来自父母

教育本身是达成人与人之间平等的手段。据说校服的发明，就是为了在学校消除歧视，让富家子弟和穷人的孩子进入校门就忘记自己的家庭背景。穿上校服，每一个孩子都是平等的。孩子们之间很容易达成这样的想法，但问题是父母们把不平等、特权和后门，跟在孩子踏入校门的脚步之后，送进了校园。

这真是教育的畸变，也是教育的悲哀。只要父母不把这种不平等的意识，以各种方式灌注于孩子的心田，孩子们之间的自然天真，会纯化贫富差距带来的差别。

穷孩子的自卑不是来自他自己，是来自父母。**一个孩子的自信，并不建立在物质的丰裕上，它来自父母的爱和情感的满足**。家庭内部的情绪传递，是非常容易而普遍的。如果母亲经常以因为家庭不富裕怕影响孩子的思维和眼光去看孩子，那孩子就会在无意识中受到影响，和母亲产生"共情"，不自觉地也会因此而自卑了。这就是心理学上的认同。往往是这样，父母越关注的事情，越担心孩子的方面，孩子往往越容易在这方面发生问题。经常听到父母对孩子说："孩子，咱不要怕穷，只要你学习好就行了，将来他们说不定还不如咱呢！"听上去像是在鼓励孩子的自信，实际上是在提醒孩子自己和其他同学之间的物质差距，是强化孩子和其他同学不一样的感觉。

有些事情，本身并不严重，是大人的关注和强化导致了孩子的关注，由此形成问题。

● 孩子更需要饱满的亲情和永久的鼓励

石家庄曾经在中小学生中做过一个大型的社会调查，这项调查显示，富裕家庭和经济困难的低保家庭的孩子在学习适应、强迫、恐惧、自我调节等方面没有显著差异。在家庭经济条件差的情况下，孩子仍能保持良好的心态，自我调节能力表现良好。因此，与经济条件相比，家人的温暖和关怀对中小学生心理健康水平起着更为重要的作用。

我认识一位出身贫寒的农家子弟，如今是一位很有成就的科研人员，心境坦悦、性情平和、自信不自傲。他自小到大，家境之困难是常人难以想象的。但是他的母亲，一位善良的农村妇女，以她的简单、淳朴、无怨无尤养育着儿女，在贫穷中给了她的孩子慈爱和笑声。每到过年过节，人家的孩子有好衣服好吃的，他的母亲却总是给孩子把旧衣服洗干净，用粗面包没有肉的饺子，然后就跟孩子说："人家吃肉咱不馋，粗茶淡饭一样甜。"他说："我好像没记得我母亲说过我家穷啊，也许是她一个人把贫穷都消化了，再变成笑声和温慈给我们吧。"

反而有一位从小家境并不错的女孩，父亲是军队的师级干部，母亲是一家大型国有企业的技术总工，3 岁之前寄养在祖父母家，上学后回到父母身边。在成长的过程中总是被父母训导、挑剔，长大后抗挫能力很差，怯懦、不自信，有很严重的心理缺陷。

可见，只要温饱能够基本保证，父母给孩子生命最宝贵的不是物质的奢侈，而是饱满的亲情和永久的鼓励与支持。

　　每一个父母都希望把世间最好的东西给自己的孩子，但这些最好的东西中，固然需要物质的保障，但孩子只需要生活必需品就足够了。他没有成人的贪婪和对奢华的追求，他最需要的永远是情感的满足，是父母理解的爱和支持。这些东西在富人家里不一定富足，在穷人家里不一定稀缺，它是用钱买不来的。孩子的自信、乐观、进取，就是在这些基础之上而生的。

第 5 章

做孩子学习的
好助手

有时候和孩子在一起，真是"斗智斗勇"啊！"暗算""谋略"，很多技巧都融会在爱中，但又大爱无痕，滋养着孩子的心灵，给孩子建立起"精神银行"，给他储蓄下受用一生的"财富"！

善用假期，别盲目将孩子托管给"补习班"

"读万卷书，行万里路，和万人谈。"

　　孩子今年读六年级，在班里学习成绩一般，我想假期给她报几个补习班，可现在的补习班太多了，不知道该如何选择？

● 修补学习"断裂链条"

　　现在，很多父母利用假期给孩子报补习班，也确实比较盲目，就是觉得人家的孩子都去了，我的孩子要是不去给落下怎么办？正因为父母的这种从众心理，使得假期补习班火热起来，也使孩子们的假期丧失了真正的意义。

　　我认为，孩子只有在一种情况下才需要假期补习，就是他的课业学习中出现了"链条断裂"，前后学的东西因为某种原因，比如生病请假、某一阶段的不认真，造成了前后所学内容不能衔接，从而影响了下一步的正常学习，这个时候就要"补课"了。可以请家教，可以进补习班，也可以请他的任课老师，尽快地帮他修复断掉的学习链条，使他跟上老师讲课的内容，不要让断开的距离越来越大。

　　但这样的补习要有针对性，根据孩子的情况来处理，不能有什么班就报什么班，既增加了孩子的压力，又花了钱，还不能收到很好的效果。

　　我是不太倾向家长在假期里给学业成绩优良的孩子报补习班的。学生的优秀学习成绩是他综合素质培养的内容之一，而非唯一。一个孩子学习成绩的优劣是一种综合因素，我不主张孩子把他的全部精力放到几本教科书上。其实对于一般的孩子来说，只要做到"上课认真听讲、下课认真完成作业"，课本的内容也就基本掌握了。关键是这两个老生常谈的要求，很多孩子由于做不到，所以就慢慢地落伍了。

我认为一个学习成绩优异的孩子，恰恰是不局限于几本教科书内容的学习的。

● 给孩子"三个开放"

我从来没给我的孩子报过语文、数学等教科书内容之内的补习班，但他的考试成绩一直很好。原因是我在孩子小的时候就注重培养了他的专注力和自我学习的能力，上课认真听讲，下课认真完成作业，就保证了他的成绩，而更多的业余时间包括假期，他去"读万卷书，行万里路，与万人谈"了。

建议家长朋友们不要老盯着假期里的补习班，只要不是孩子的学习链条断裂，不妨尝试对孩子们实行三个开放——**向课外开放，向自然开放，向社会开放**。

让他去读更多的书，在读万卷书中，开阔思维，看到一个更为丰富的世界和人生；去自然中感受大自然神奇美妙的生命乐章，康健他们的体魄，开阔他们的心胸；扩大孩子的生活范围，增加他和他人接触、交流的机会。只要有可能就要让孩子参与各种各样的社会活动，接受各种各样的刺激，而不是生活的天地仅仅局限于几个人、几件事、几个环境中。

我想，这样的假期安排可能会让孩子有更多的收益。

● ● ●

"学习"是个大概念

> 　　一个孩子课业成绩的优劣，最根本的差距，就是在他的课堂听讲质量和课下完成作业的认真程度；其次，还和他的知识面的宽窄有关系，但这个关系在平时的考试中看不出来，只有等到面试或者考核内容知识面较广时，才能显现出来。

　　孩子今年 11 岁，很机灵，兴趣非常广泛，只要是他能接触到的，他都要"研究研究"，可在班里的成绩排名中总是进不了前几名。老师多次对我说这个孩子有潜力，成绩还能往前提，要收敛一下他的兴趣。我很矛盾，请问该怎样处理孩子的兴趣与学习成绩的问题？

● "学习"是个大概念

　　一个兴趣广泛，对什么都要"研究研究"的孩子，即使在班里的成绩进不了前几名，做父母的也不必焦虑。如果为了提成绩进名次，就收敛孩子的兴趣，搞不好还会得不偿失呢！

　　孩子的兴趣和他的学习成绩并不矛盾，而应该是相辅相成的。这主要是我们怎样来理解"学习"这两个字的内涵。我认为"学习"是一个大的概念，不应该仅仅是书本知识。广泛的兴趣是孩子在充满乐趣的探索中学习的一个动力，不管是父母还是老师，都不应该抹杀孩子的兴趣，单一地去提高课业成绩。懂得教育规律的父母和老师，不会不允许孩子有课外兴趣，而把精力全部放到课本上，更不会把自己的兴趣强加给孩子。在这样的前提下，我们再来谈怎样把两者结合好，让孩子能够在学习和兴趣娱乐之间取得平衡，并能在这种平衡中获得全面的发展。

我认识一个孩子，他的学习成绩在全年级 800 人中名列前茅，但很遗憾这个孩子除了学习成绩好，再也没有其他的业余爱好，而且与人交往能力、语言表达能力都不是很好。一般来说，像这样成绩突出的孩子，应该是一个思维比较活跃的孩子，而思维活跃的孩子都是兴趣非常广泛、综合能力较强的孩子，为什么这个孩子会这样？原来这个孩子的家庭是个比较封闭的家庭，父母对孩子的唯一要求就是学习成绩好，除此以外，不允许孩子有任何的兴趣和爱好。这样，孩子的成绩上去了，但他的社会性和思维的开阔性，却因为兴趣的单一而受限制了。

◉ 提高课堂听讲质量

对于智力正常的孩子来说，课堂认真听讲、课下认真完成作业，课内成绩应该没有问题了。这两句话是老生常谈，但真正能做到这两点的孩子并不多，所以，真正学习好的孩子就凤毛麟角。一个孩子课业成绩的优劣，最根本的差距，就是在他的课堂听讲质量和课下完成作业的认真程度；其次，还和他的知识面的宽窄有关系，但这个关系在平时的考试中看不出来，只有等到面试或者考核内容知识面较广时，才能显现出来。所以说，兴趣广泛的孩子的课业成绩，在做到课堂认真听讲、课后认真完成作业这两个基本点后，应该是没有问题的。做父母和老师的，也没有必要非要孩子进入前三名。分数和成绩虽然考核着一个孩子对于课堂知识的基本掌握程度，但孩子的真正潜力并不看这一时的成绩和名次。人生是一个不断学习的过程，一个知识面丰富的孩子，可能在"学习"的马拉松比赛中更具长远优势。

◉ 不要固化孩子的兴趣

我从孩子小时候就非常注意培养他的兴趣爱好。从他很小的时候开始，我们就注意不固化他的兴趣点，发展他兴趣的多样性。看电影、听音乐、拆卸组装玩具、旅游、玩耍……凡是孩子感兴趣的，我们都尽量地满足了他，不去制止他。

孩子喜欢的东西，就是他需要的东西，父母在这一点上，不要逆孩子的兴趣而行，而应该顺应孩子的天性。他愿意涂鸦就让他去涂鸦，他愿意歌唱，就让他歌唱，他愿意看动画片，就让他看动画片……他的想象力要发展，他的专注力要培养，他的动手能力甚至是在对玩具的破坏性中训练出来的。很多很多的东西，都是他在兴趣中学会的。

教育是关系的科学，也就是说孩子与大量的事物和思想有着自然的关系。所以，必须在体育、自然、手工艺、科学和艺术等多方面，培养孩子的兴趣，让他们从小在这样的活生生的"书"中，学习新的生存方式，而不仅仅是单一的知识。

我们中国有句古话：世事洞明皆学问，人情练达即文章。我还有三句话：读万卷书，行万里路，和万人谈。我觉得这些都是一个人一生不断要学习的东西，而这些东西和书本知识的结合才是真正的素质教育。

相信一个兴趣广泛的人，是一个充满灵性和活力的人，同时也肯定是一个具有学习能力和创造力的人。

• • • •

会玩的孩子才会学

> "学习是个大概念","会玩的孩子才会学"。玩耍可以把幸福和喜悦的种子撒在孩子的心田,茁壮生长在他生命的四季。

儿子读小学三年级,爱玩,很聪明,学习成绩一般。每次到了假期父母想给他报补习班他却不愿意。《和儿子一起成长1》书中,杨老师的儿子说他自己是个"玩大的孩子,却比有些同龄人更热爱学习"。请问怎样才能做到让孩子玩够但又保证他的学习成绩?

"要我做"和"我要做"

有这样一个故事:有一个老头,住在一个堆满了废铁桶的广场边上。一群小学生每天上学、放学都经过广场,都要对那些铁桶拳打脚踢,制造震天的噪音,以此取乐。老头儿有心脏病,受不了那种声音。有一天他就拦住那群学生,对他们说:"我很喜欢听你们踢铁桶的声音,以后,我给你们每人每天一元钱,你们继续使劲儿踢下去。"小学生们很高兴,更加卖力地踢打着铁桶。在他们踢的时候,老头找个地方躲了起来。一周后,老头又拦住那群学生说:"我现在经济有困难,每人每天只能给你们五角钱了。"学生们虽然不高兴,但还是继续去踢桶,觉得有点钱总比没有钱好吧。又过了一周,老头对学生说:"我现在更穷了,不能付给你们踢桶的钱了,但我还是希望你们每天都为我踢一阵子。"学生们愤怒地拒绝了。老头重新得到安静的日子。

这老头儿真是高明，他把小学生们踢桶的动机，不动声色地从获得其中乐趣，变成了获得金钱。获得乐趣这一点，孩子们的动力是十足的、持续的，他是无法控制的。但钱他可以控制，在小学生们为钱踢桶以后，只要他不给钱了，他们自然就不会踢桶了。

"我要做"和"要我做"的差别就在这里。学习也是一样，如何变父母的"要我学"为孩子的"我要学"，就是保证孩子玩够也能保证热爱学习的关键。

● 保护孩子学习的"天然动机"，会玩的孩子才会学

我曾经看到一个 5 岁左右的女孩在花园里给玩具娃娃搭小房子，聚精会神、满头大汗但兴致勃勃。一位少妇静静地站在她的旁边，肯定是她的母亲了。试想，如果这个时候是她的母亲唠叨着，或者逼着她去做这件事，她还会玩得那么专注、那么尽兴吗？

每个人生来就有很强的学习欲望。几岁的小孩子兴致高涨地在家里翻箱倒柜，在墙上乱涂乱画……那是做什么？他在做他感兴趣的事情，也是在"学习"。"玩也是一种学习"。我认为"学习"不仅是在课堂上的认真听讲，还有父母可能提供给孩子的适合孩子发展需要的各种教育。概括为三句话就是"读万卷书，行万里路，与万人谈"，包括在玩耍中孩子也会获得他在书本上体验不到的知识和思考。这样能保持孩子的学习乐趣，保证他的求知欲、好奇心不被扼杀和压抑。

在我们的教育中，顽皮和淘气一直是我们想要"纠正"的"问题"，殊不知，孩子在成长过程中所有可贵的天真特性和创造力，就这样在我们的"纠正"中遗失掉了。和这些同时丧失的，还有孩子对学习的兴趣。从为了乐趣学习变成了为父母为老师甚至为考试而学习。期盼孩子热爱学习的父母，恰恰成了那个智慧的老头：用功利的目的性，取代了孩子们的天然动机。

只不过，老头得到的结果正是他想要的，而父母得到的结果却事与愿违。

兴趣是学习一切东西永不衰竭的动力。孩子天性中的好奇心、求知欲，是他学习和探究的"天然动机"，是可以给他的学习以持续性热情的力量。如果学习的动机不是来源于此，而是"要我学"，孩子一离开父母和老师的监管，或者考试过去了，他学习的动力也就消退了。就像那群没有钱支持的小学生一样，没有外力的"支持"，不会再主动热情地去做了。

爱玩是每个孩子的天性。能感觉到你是个尊重孩子也懂孩子的妈妈，虽然有焦虑担心，但还是能够在孩子不愿意上假期补习班时尊重孩子的选择，这点很多妈妈不容易做到。还是建议孩子在小学的时候，父母不要那么强调孩子的学习成绩，**要多关注孩子在学习中的感受，在孩子特别感兴趣的领域，引导他拓宽知识面，进行不同形式和内容的各种"学习"，包括尽兴地玩。**

到了初中，父母要多关注如何让孩子习得有效的学习方法，更多地关注孩子的学习过程，而不是考试的结果。让孩子真正一生受益的，并不仅仅是书本的知识，素质教育更是关键。我所认为的素质教育，既是接受知识，也是培养学习能力的过程，是让孩子在盎然的兴趣中，快乐地去体验、实践各种事情的过程之后，能够沉淀下让他终生受益的素质：专注、认真、刻苦、坚持、抗挫折、诚实等诸多人类文化中优秀的品质。

现存教育体制在某种意义上，已经形成对孩子在校成绩的强有力监督，父母就尽量去关注学校不关注或者无法关注的，更多地从心理和精神上，去丰富孩子的世界，为孩子提供更大的学习空间和范围。

父母在孩子的教育中有三个角色：示范者、教育者、提供者。其中作为提供者，除了物质的保障、精神的提供，还有重要的一点，就是要为孩子提供适合他成长需要的教育环境和条件。孩子的每个成长阶段的需求是不一样的，婴儿时期、幼儿时期、少年时期、青年时期，好的教育永远是根据他的需求，提供合理的、充足的条件，就像万物需要不同季节的阳光、温度、雨露一样，千万不要拔苗助长。

让我们把培养孩子的眼光，不仅仅停留在高分、名校的唯一目标上，而是更加关注那些能够沉淀下来，对孩子一生有益的东西。这些东西不是分数，而是孩子在学习知识、健康成长的过程中，形成的思考力、判断力和创造力；是让孩子拥有强健之身体、灿烂之笑容、智慧之头脑、应用之能力、高尚之情操的"全人教育"。

"学习是个大概念"，"会玩的孩子才会学"。玩耍可以把幸福和喜悦的种子撒在孩子的心田，茁壮生长在他生命的四季。

● ● ●

考试焦虑症到底是焦虑什么

解铃还需系铃人，要改变孩子，妈妈自己要先改变。

女儿15岁，平时学习成绩不错，可是一到考试之前，就特别紧张，考试成绩有时非常不理想，她自己很着急，我看着又心疼又着急。我平时也是很容易紧张，比如第二天有点什么事情，容易翻来覆去地在心里想很多，做各种准备，女儿的紧张是不是受我影响？您在《和儿子一起成长1》书中说，"会考试也是一种素质"，请问这种素质是怎样形成的？

● 改变孩子妈妈先改变

从你对自己性格的描述，可能孩子的紧张焦虑和你这个妈妈有关系。孩子总是和妈妈亲，容易与妈妈产生深度的共情，妈妈的焦虑传递给孩子是很自然的。尤其是孩子在6岁之前，他的主要的行为和情绪色彩都是通过模仿而得来的，如果妈妈是他小时候最亲近的抚养者，他已经在无意识里形成遇事紧张的心理模式了。你的孩子15岁的人生中，可能让她最在意的就是考试了，所以，现在考试焦虑只是她的心理对外界事物反映的一个模式。

解铃还需系铃人，要改变孩子，妈妈自己要先改变。一般来说，人到中年，心理模式的改变比较难，但为了孩子，可以先从对待考试这一件事情的态度上改变自己，这也是和孩子一起成长的意义。也许从这一件事情，你就开始了自我蜕变。在孩子 18 岁以前，只要环境变了，刺激他的信息变了，他的改变还是很快的。所以为了孩子，你一定要下决心先迅速改变自己的焦虑，才不会让焦虑在家庭中蔓延。

父母首先不要把考试看得太重，不要在家里制造一种氛围，频频提醒孩子："要考试了，你要早睡觉""要考试了，别玩了""要考试了，好好吃饭要注意营养"……**孩子焦虑，往往表现的就是父母的投射。父母把自己内心的一种焦虑、担忧，通过对孩子相关行为的过分关注传递给了孩子。**孩子接受的是和父母同样的情绪，等于强化了孩子的弱项。越担心她考试紧张，越关注她考试，在她心中就会越增强她对考试的焦虑和不自信，她就越容易把担心的事变成事实。

这个时候妈妈不要按照自己的意愿去帮助孩子。因为焦虑的母亲往往会在"好意"中，再一次把焦虑情绪以"帮助"的形式传递给孩子。妈妈只需要把自己对孩子考试紧张的焦虑调整好，以平静心去面对孩子的紧张，也就不会火上浇油了。

当妈妈感觉到孩子考试焦虑时，也不要当着孩子的面说诸如此类的话："不要紧张啊，我怎么看你昨天晚上又睡那么晚啊？是不是又焦虑了？"因为妈妈用自己紧张的心、焦虑的眼睛去看女儿，让孩子被迫认同，她就会在无意识中被建构，她表现出的结果就是妈妈看到的样子。心理学专家建议，对于考试紧张的孩子，父母可以认同他的紧张，对孩子说："紧张是好事，你看运动员赛前都是要紧张备战。任何竞赛前，紧张才能让人集中心力和智慧，调动身体的能量，才会取得比平日更好的竞技成绩。"这样，和孩子一起认同紧张，紧张也就不会成为障碍了。

曾经有句话说："真正的英雄，是在认清了生活现实的本质之后，还依然热爱生活。"借用这句话的含义，我觉得真正的勇者和慧者，是坦然承认自己的缺陷，并能够勇敢去弥补自己缺陷的人。同理，认同坏情绪，也是解决坏情绪的途径。妈妈自己的改变也是如此，不妨试试看。

◉ **素质是日积月累的结果**

绝大多数考试焦虑的孩子都是怕考试成绩不理想。作为父母，平日里要多关注孩子学习的过程，不要过分关注考试成绩的结果。

"会考试是一种素质"，首先这种素质是日积月累的结果，不是靠技巧得到的。**关注平日的学习过程，就是建构最基本的考试素质。**我们的教育不是培养"考生"，而是培养学生，培养有智慧的人。

学是一个过程，这个过程不仅仅是书本知识融会贯通的过程，还有日常生活里多样化、多层次的学习。无论是听觉、视觉，还是动知觉（亲自动手实践），总有一条是孩子最擅长的，我们要帮助孩子确定他最佳的信息输入通道。这也意味着学习过程的事半功倍。父母不要限制孩子"看闲书"，我认为大量的课外阅读有助于培养孩子的理解力，拓宽孩子的知识面，也有助于课堂学习的融会贯通。

上课专注，不死记硬背，善于做笔记，对孩子的学业成绩很关键。我记得当年我儿子的书，经常是用五种颜色的笔做笔记。抓住瞬间的问题，随时记下来。很多时候，他的手上总是记着五颜六色的东西，那是他冒出来的一些大大小小、奇奇怪怪的问题。第二天就带着这些问题问老师问同学。思考和提问的过程，实际上是锻炼自己综合思考能力的过程，这个时候老师的点拨和指导，对自己就是举一反三的收获。"学而不思则罔，思而不学则殆。"这样带着问题和思考反复的学习过程，可以很好地锻炼孩子的综合学习能力。

平时课后高效认真地完成作业，不要在习题上耗费太多的时间，不做

无谓的作业。现在作业太多，把孩子拘禁在作业里，没有时间玩耍和进行课外阅读。

　　会考试不是押题猜宝，而是真正"得道"。这个"道"是一种把各类知识整合的综合能力。现在的高考也越来越关注学生的综合素质，更多地考查学生对知识的扎实综合利用和灵活反应能力。所以，我们对于学习素质的观念认识也要有所改变。

● ● ● ●
帮助孩子缓解"学习焦虑"

> 父母不焦虑，孩子就不紧张；父母关系和谐，孩子心理一般不会产生功能紊乱；父母的教育得当，孩子就会自然健康地成长。

儿子上小学四年级，老师说他在学校里特别懂事，很自律。但有时候我发现他经常很紧张不放松，对考试、做作业特别在意，还经常给自己加作业。要是作业没做完，走着、坐着、玩着他都说："妈妈，作业没做完怎么办啊？"有时候他一着急就头疼、恶心、呕吐、胃不舒服，呼吸也很短促，找医生看，又没有什么问题，说大概是神经性的，主要是紧张造成的。怎样才能让孩子放松呢？

● 除掉孩子紧张的焦虑源

很多时候，孩子的很多症状是综合因素的反映。在这里我不清楚你的孩子生活的家庭环境、父母的性格、父母对孩子的教育方式、父母之间的关系等，但孩子就像一面镜子，他的种种好与不好的行为和状态，无一例外地映射着和孩子的成长紧密相连的这一切。

看上去孩子很让人欣慰，学习好，自己懂得自律，按时、超量完成作业，听老师的话，是学校的"乖学生"。但是他的紧张和肠胃的不舒服，如果医生确定不是生理疾病导致的，那可能就是由于紧张和压力的原因。人的躯体症状很多时候是和心理相连的，尤其是胃肠，对人的情绪感应是最敏感和直接的。他让父母欣慰的学习、听话、自律的背后，可能恰恰就是

紧张、不安。这种情绪状态不仅仅和眼前的环境、事情有关，还可能和在他更小的时候的状况有关。比如，是否在安全感建立期满足了孩子的安全需要？认同和赞美是不是你们家庭成员之间的交流模式？还是批评多于赞美和认同？这些都可能是孩子的焦虑源。

　　要想彻底消除孩子的紧张情绪，必须先除掉引起孩子紧张的焦虑源。在这里就不重点去阐述孩子与家庭环境、父母性格、教育方式、父母婚姻关系等的密切关系了，这些内容用一本书的容量也说不完。但是，真的**希望所有的父母，在看孩子的问题时，能够首先认真地去省视自己**，可能会更容易解决孩子的问题。父母不焦虑，孩子就不紧张；父母关系和谐，孩子心理一般不会产生功能紊乱；父母的教育得当，孩子就会自然健康地成长……人看别人的不足和问题很容易，可是能够把他人当做一面镜子，用谦虚、自省的心来看自己，就比较难，做父母的人也一样！但是为了孩子，再难也要去做！察觉自己的潜意识，改变自己的思维习惯和行为方式，这是一个很艰难也很有价值的过程，能够做到的父母，才是真正和孩子一起成长的父母。我们曾经调查过一个班级的孩子，他们说"最紧张的时候就是妈妈突然情绪失控，对我大喊大叫的时候"。那妈妈先从自己开始，放下情绪化，放下焦虑，加油吧！

● 和孩子一起做做放松游戏吧

　　现在很多的家庭中，不缺紧张忙碌，不缺说教唠叨，缺的是和孩子一起的游戏。那就先把对孩子的喊叫换成放松的游戏吧！爸爸妈妈们，想想自己和孩子玩了多少，那就试试每天或者每周找时间和孩子一起躺在地板上(凉的话可以铺个垫子，再忙也会找出这个时间，关键是渴望不渴望)，安静地躺着，用计时器比赛谁躺的时间长，赢者有奖励。这样一次次延长时间，锻炼孩子安静下来的能力。

等孩子很自然地做到了，然后进行呼吸训练：先和孩子学狗的快速呼吸，和孩子一起体验心紧、头晕、浑身无力的感觉，告诉孩子人在紧张的时候就是这种感觉。然后告诉孩子"咱们一起试一试让人很舒服的呼吸"，带着孩子一起用手按着腹部，慢慢地吸气同时鼓起肚子，然后再慢慢地呼气像放皮球一样把气放空至肚子瘪下去，一直练到不必用手压着腹部也可以自如地进行腹式呼吸。练习时间以孩子不厌烦为限，并奖励孩子的进步。在孩子学会呼吸的技巧之后，嘱咐孩子在紧张、头疼或者肠胃不舒服的时候，就用这种呼吸看看效果。这种放松习惯的养成，会对孩子一生有益的。我们大人在陪孩子练习的时候，也会很受益。

之后，再教给孩子练习肌肉的放松。试试怎样把胳膊放松得像面条；如何把腿绷紧再放松；如何收腹弓背，拉伸背部肌肉；如何做面部的肌肉放松，把这些当做游戏来做，比如可以对着镜子做放松的游戏等。妈妈可以先学习，再给孩子示范，并把它当游戏和孩子一起做。可以把它当成每天睡前小游戏，既增强亲子关系，又能放松，养成习惯，终身受益，关键在于坚持。

我们总是在对孩子学习、练钢琴、画画等事情上能很有毅力地陪着孩子坚持到底，同样，这种对他的身心有益的训练，也应该成为家庭教育的一部分。我把这些能够通过过程沉淀下来的对孩子终生有益的东西，都看做是素质教育的因素。

孩子的童年应该在无忧无虑中度过，但是今天的孩子承受的压力确实是前所未有的。父母的高期待、学校的高要求、父母工作的忙碌带给家庭的紧张气氛和他们的心理暗示、父母婚姻关系的复杂、社会媒介渲染的竞争……在这样的环境中，学会放松不光是孩子的一堂课，也是父母和孩子需要共同去做的功课。试着和孩子来做做这个"作业"吧，会让我们和孩子都在放松中快乐地度过在一起的时光。

●●●

当孩子不被老师认可时

> "解铃还得系铃人"，老师对这个问题的态度可能比你这个妈妈的态度更重要。情感上的相互接纳和理解，会有利于很多问题的解决。

女儿读初二，语文、外语都不错，但数学成绩是她学习最大的障碍，经常 10 道题她只能做对一半。在一次全区的统考中，女儿的数学只考了 45 分，老师当着全班同学的面数落她拖了班级成绩的后腿，还说"你就不是学习的料"，"我看将来你什么也考不上"。孩子的情绪很低落，妈妈心里挺生老师的气，但又不敢去找他，怕他以后更加为难孩子。

● 以其所长鼓舞孩子的自信

同为母亲，我很理解你现在的心情。首先，不要着急，更不要把你的着急情绪在孩子面前显现出来。情绪是一种很容易"传染"的东西，本来孩子在心理上因为成绩不好和老师的数落已经承受了压力，如果你这个妈妈再为她的事情显得着急难安，会给孩子一种内疚感，而"内疚"给人造成的压力会更大。这样不但于事无补，反而会让情况更糟糕。

不妨试着用"赏识"的态度，用孩子的优点去鼓舞她的自信。她的语文、外语成绩好，可能在艺术、语言等方面还有优势，你就用她诸多的"擅长"，去抵消她因"不足"产生的自我沮丧感。同时告诉孩子，老师的数落固然伤害了她的自尊，同时也可以看出老师对她的关注，也是关心她的一种方式，

不要和孩子一起生老师的气。这种从另一个角度去理解他人对自己造成的伤害的思维方式，对孩子将来处理问题也是一种好的示范教育。这样，你以乐观、坦然、理性的态度，和孩子一起面对困难，传染给她积极的情绪，相信孩子的低落情绪会有所改变。

● 加强与老师的沟通和理解

建议你去跟孩子的老师谈一谈，把孩子的情绪状态跟老师坦诚地说明白。"解铃还得系铃人"，老师对这个问题的态度可能比你这个妈妈的态度更重要。你可以跟老师说很理解他对孩子成绩不好的着急心情，他也是为孩子好。你的理解会让老师在心理上接纳孩子的不足，而能跳出班级教学的"功利"，从情感上重新审视自己对孩子的态度。虽然从教育原则上我们要求老师们对学生应该一视同仁，但老师也是人，他也会本能地喜欢优秀的学生，人性本如此，我们就接纳人性的弱点吧。情感上的相互接纳和理解，会有利于很多问题的解决。

然后和老师找出孩子数学成绩差的原因，如果是因为知识的链条不衔接，那可以给孩子适当地补习数学功课；如果确实是孩子的逻辑思维能力较弱，就请求老师不要当面强化她的这个弱项，而能够从强化她的优点入手，提高她对自我能力的自信，激发她的内在学习原动力，能够尽自己最大的努力去克服自己的弱项。

其实，每个人都有自己的弱项和强项，扬长避短才是最人性化的生存之道。我在《和儿子一起成长1》书中曾经提到美国哈佛大学加德纳教授的多元智能理论。他认为人有语文、逻辑、音乐、肢体、视觉、人际等八种不同的智力。你说丘吉尔、莫扎特、毕加索、爱因斯坦、迈克尔·乔丹、马

丁·路德·金，还有柏拉图等历史上不同领域的著名人物，谁更"聪明"呢？加德纳的多元智力理论教给我们用全新的视角去看待"笨"和"聪明"这个问题，而改变我们原来认为数理化好的孩子才聪明的看法。

你不妨也和孩子探讨一下这个问题，她会对自己有一个清醒而自信的评断，找到她自己真正的所长。

我想，这样你作为一个妈妈对孩子的担心和焦虑，也会有所减轻了。

● ● ● ●

只能赢不能输， 了解孩子好胜心背后的心理因素

> 一般来说，要强的背后往往是脆弱和不安全感的体现。一个安全感十足、内心很厚实有力量的人，才能坦然面对输赢。

女儿上小学三年级，学习成绩不错，可是太要强。考试考不了 100 分，回家就哭，劝她也没用，好几天情绪都转不过来。我弟弟的儿子恰恰相反，考好考坏都一样，他的妈妈说："你看姐姐不考 100 分不罢休，你说你这样将来怎么去竞争啊？"人家孩子温吞吞地笑着，不恼也不羞。我很矛盾，既欣慰女儿的要强，也担心她将来因此会经不起挫折，也喜欢弟弟儿子的温和淡定。该怎样培养孩子会输也会赢的抗挫能力呢？

● 认清好胜心背后的心理因素

你的问题让我想起曾经看到的一幕：一个 6 岁的小男孩和爸爸下棋，最终孩子输了，输得很不绅士，先是噘着嘴，然后流眼泪，爸爸说了句："男子汉就这点本事，再下啊，哭什么？"那孩子一甩手把棋盘就给掀翻了。孩子的爸爸哭笑不得，而我作为一个教育工作者，却想了很多。

没有只赢不输的人生，孩子在学习、竞赛上遇到的输赢，将来在他的人生路上还会遇到很多。虽然有竞争力的人，不一定是性格上要强好胜的人，但毕竟要强是有进取心的一种表现，也不是坏事。所以，可以肯定的是，你的女儿是一个学习上不甘落后、不用你督促的孩子，首先要肯定她

不用扬鞭自奋蹄的进取心，然后再慢慢调整她的好胜心，增强她的抗挫能力。

我们过去往往用传统的价值评判标准来评判孩子，鼓励孩子的争强好胜，去争第一，认为这样才有竞争精神，忽略了孩子好胜心背后的心理因素。

现代社会成功欲望的扩大，让竞争意识、出类拔萃在某种时候成为一种极端状态。成人世界里弥漫着的竞争、成功，也被父母无意识地投射到了孩子的世界。哪怕是在休闲的兴趣和爱好中，也融入了考级、评选等竞争意识。陶冶情操的爱好和娱乐，充满乐趣的学习和探究，变成一种竞争状态之下的生存压力。这几乎是现在我们所处的大环境之常态。

孩子是环境的产物。一个人的性情，在 3 岁之前基本已经形成了。那个时候的孩子，是用一颗有吸收力的心灵，吸收着环境中的一切来成长的。一般来说，要强的背后往往是脆弱和不安全感的体现。一个安全感十足、内心有力量的人，才能坦然面对输赢。所以，改变孩子争强好胜、只赢不输的个性，需要察觉并改变父母爱的方式和他成长的环境，而不仅仅靠说教。

● 对孩子输赢做出恰当反应

大多数孩子在刚刚上学的几年里，似乎还不会大度地接受失败。学会用大将风度对待输赢不是一日之功，首先父母自己能不能做到为孩子树立一个有大将风度的竞争者的榜样？能不能做到孩子无论输赢你都能够愉悦地理解和接纳他？父母的以身作则，以及对孩子输赢做出的恰当反应，对减少孩子在竞争中的焦虑很重要。

在孩子小的时候，可以和孩子玩两个人比赛的游戏。在游戏中让孩子看到并学到在比赛中哪些表现是适当的。父母可以表演赢者，也可以表演输家。看着孩子带着眼泪输的委屈，不要像那个爸爸一样说："男子汉，真没出息。"可以说："还不错，我这次赢了你，但我发现你很有实力啊，下一轮你有希望赢我。"表演输家时，你大度地握握孩子的手，说一句："祝贺你，你确实很出色。咱们再试一次吧。"这样的活动较量中，成人已经给孩子示范了一种面对输赢的态度。

如果孩子在游戏中一输就哭，或者掀掉棋盘，父母就拒绝和他继续玩，让他知道输了之后，如果做出缺少教养的行为，会带来不好的后果。让他知道这个社会不是他一个人的，感恩、敬畏、宽容的品质，会让他能够尊重他所面对的每一个人的强和弱，包括对自己。孩子小时候被父母所潜移默化的感受，会影响着孩子的一生。

在孩子输了有情绪的时候，父母不要先否定他的情绪。不要说："不就是没考 100 分吗？值得那么难过吗？下次好好考不就行了?"这种语气，会让孩子更难受。要解决问题，先解决情绪，情绪的疏导不是靠说教，尤其是对于小孩子，要先认同，比如说："我理解你没考 100 分心里很难过，跟妈妈说说你觉得是哪儿做得不好?"孩子会说一些考试中的感受，他在诉说的时候，实际上已经在整理自己的情绪了。大人不要在意他说的考试细节，要把注意力放在对他的倾听上，让他感觉你很理解他。等他的不爽情绪过去了，大人再跟他讲比赛的规则，讲比赛中的那些输家不是绷着脸生气，赢家也不该沾沾自喜、自吹自擂，这个时候孩子会比较容易听到心里去。

受表扬长大的孩子，往往很在意别人对自己的评价，孩子的争强好胜也是他争得别人肯定的表现。所以，做父母的还要注意在日常生活中，不

要给孩子戴高帽子，不要做过多的虚夸的表扬，而是就事论事，给予切合
实际的评价。同时引导孩子走出家庭，多去看别人的优点，帮助孩子建立
正确的自尊和谦虚的态度，对自己在社会人群中的地位有个清醒的认识。
这样，他就能客观地看待自己的失败和不足了。

　　通过日常行为向孩子传达我们所要让孩子接纳的价值观，这是教育中
的耳濡目染，是最有效的途径。

••••

孩子厌学，了解原因后对症下药

> 父母要在孩子上小学之初，就要培养孩子多方面的兴趣、
> 爱好，消解学业带来的压力。同时，培养孩子良好的学习习惯。
> 孩子内在的求知原动力不被伤害，自然也就不会出现厌学。

　　孩子上高中了，公立高中没考上，上了个私立的。可是孩子上课听不懂，看见书本就头疼，考试几乎是白卷，不愿意去学校，都要愁死人了。请问有什么办法纠正他？

● 了解孩子厌学的原因

　　不知道你的孩子小学、初中时的学习情况怎样，到了高中出现这样的状况，我想不是短时期造成的，一定有比较复杂的原因，恐怕也不是靠技巧能够马上就能纠正的。"冰冻三尺，非一日之寒"，所以，建议家长不要上火发愁，更不要把情绪发泄到孩子身上。因为这样对问题的解决于事无补，而且还会雪上加霜。

　　现在孩子的厌学现象比较普遍，这也确实已经是个问题。我们曾经在山东济南的某中学做过一个调查，发现厌学的孩子竟然达到75％以上。不光成绩差的孩子厌学，甚至成绩在班里名列前茅的孩子也开始厌学。为什么孩子没入校门的时候，对学校有着天然的向往，整天缠着爸爸妈妈买书包买铅笔，可是当孩子真正踏入校门（包括幼儿园）的时候，反而厌烦了呢？这不是一个孩子的问题，也不是一个家庭的问题。它牵扯到我们的教育为未来的中国培养什么样的人，牵扯到每一个孩子人生的幸福快乐，值得我

们全体教育工作者反思。

我们的教育制度有一种天生的对成绩的渴望和追求。父母、老师还有我们的孩子自己，都把考试成绩作为评判一个学生优劣的重要标准。考试当然是一种检验方式，而且是重要的测试方式，但它不是唯一标准。如果单纯强调学习成绩而忽视学习过程本身，那学习就会变成一种压力和负担。当孩子无法忍受这种压力和负担的时候，他们就会产生厌倦心理甚至出现逃避行为。

儿童从出生那天起，就对这个世界充满了求知欲和探索心，这是他们读书、学习的原动力，是乐趣所在。一旦这份求知欲和探索心因为某种原因丧失，孩子的学习就成为被动的了。不管是父母的期待，还是老师的严格，这些外在的约束和规则都很难唤起孩子对学习充满热情的原动力。"要我做"和"我要做"之间动力的大小可想而知。

所以，我想，先试着去了解孩子厌学的原因，了解孩子真实的想法和困难，然后才能有的放矢地去帮助孩子恢复学习的原动力。学习当然是一件辛苦的事情，但是这件辛苦的事情对于那些具有很强的求知欲和探索心的孩子来说，就是一种乐趣。就像想让机器转起来，先把发动机的故障解决了，才能从根本上解决问题。

孩子厌学一般有几个原因：一是孩子在课业学习上出现"断链"，课堂上老师的授课他无法听懂，这个时候如果不及时补上断裂的链条，他就会越来越跟不上，最后，他只能破罐子破摔。父母、老师要耐心和孩子分析"断链"的原因，是孩子上课不会听讲，还是孩子的理解力跟不上老师的进度？抑或是孩子自己偷懒怕累？原因不同，解决办法就不同。但最根本的还是激发孩子自己的学习动力。

二是外界诱惑，如校外玩乐场所、网瘾等的影响。这就需要父母更加

关注孩子的精神世界，想法把他的兴趣点吸引到课业成绩和知识的学习上来。

三是父母要求太高，平时只关注孩子学习的结果——考试成绩，而忽略了他学习的过程，强制、逼迫学习过于严厉，使孩子觉得达不到目标，只好放弃。

四是学校存在不合理的繁重的竞争，使孩子学业压力太大，最后只好放弃。

五是孩子的智力能力确实不能完成学校正常课业学习。那就试着看看孩子身上其他的优势，比如他的体育天赋、艺术天赋、人际交往天赋等，相信总有一种技能是他最擅长的，以他所长弥补他的所短，起码不会让孩子在最好的年华里失去对自己的信心。这一点，我觉得可能对他人生的影响，比他的课业学习更重要、更长远。

当然，还会有其他原因，因为每个孩子的生活、学习环境不同，心理状态不同，同样的原因，在每个孩子身上的影响程度也会不同，所以不能一概而论，这些知识较为普遍的因素，仅供你参考，用来分析你的孩子厌学的原因。

● 每个人都可以用一把刷子混饭吃

所以，父母要在孩子上小学之初，就要培养孩子多方面的兴趣、爱好，消解学业带来的压力。同时，培养孩子良好的学习习惯。在对孩子提出要求或者和孩子一起制订学习目标时，要了解孩子能力的底线，不要施加太大的压力，多鼓励、多帮助，少斥责、少埋怨。这样，孩子内在的求知原动力就不会被伤害，自然也就不会出现厌学。

孩子出现问题，我们做父母的自然都会着急，在寻求积极的方法去帮

助孩子解决问题的同时，我们也要相信，人在这个世界上生存，每个人都有自己的路，也不是交了白卷就没了活路。你千万不要觉得这样说是虚假的安慰，作为一个教育工作者，我深知其实每一个孩子身上都有他自身的潜能，只是我们的教育暂时还不能很好地完成对每一个孩子潜能的挖掘，而是用考试成绩作为重要的尺子。台湾漫画家蔡志忠总是喜欢说，每个人都可以用一把刷子混饭吃，关键是要尽早找到这把刷子。我觉得这才是我们的家庭教育和学校教育最终的目标。

我认识一位父亲，他发现儿子对数理化等课程确实不是很有兴趣，而对动手制作方面却很有天赋时，果断修正儿子上大学的目标，顶着亲朋好友的压力，把儿子送到外省一所重点技工学校读书。多年后，儿子已是一家大型企业的高级技师，年薪 10 余万元，其收入和做擅长之事的乐趣，却也不逊于他的有些上了大学和研究生的同学。

你看，只要肯努力，真是条条大道通罗马啊！也把这样的鼓励给你的孩子吧。对人生未来的信心，也是孩子肯努力的原动力啊！

| 小贴士 |

父母要在孩子上小学之初，就要培养孩子多方面的兴趣、爱好，消解学业带来的压力。同时，培养孩子良好的学习习惯。在对孩子提出要求或者和孩子一起制订学习目标时，要了解孩子能力的底线，不要施加太大的压力，多鼓励、多帮助，少斥责、少埋怨。这样，孩子内在的求知原动力就不会被伤害，自然也就不会出现厌学。

● ● ● ●
成绩不是评价孩子的唯一标准

> 没有人是全能的，也没有人是完全无能的。父母和老师应该给孩子提供各展其能、各显其才的舞台，让孩子充分体验成功的快乐。

孩子上初二，学习很刻苦，可学习成绩在班里却总是排在后半截，给他上了补习班，请了家教也没用。他的老师私下里对我说，这孩子属于不聪明的那类孩子，能到现在这样就很正常了。他的爸爸也说："你别管了，能出息个什么样就算什么样吧，又不是他自己不努力。"可我为此很着急，对于不聪明的孩子该怎样提高他的学习成绩呢？

◉ 全面认识自己的孩子，成绩不是唯一的评价标准

美国心理学家指出：如果单单以学习成绩的好坏来选拔聪明、优秀的孩子，恐怕有可能使大约70%左右的具有高度独创能力的孩子落选。

这个数据，是不是能让这位着急的妈妈的心有所放松？说实话，我并不认为孩子分数成绩的提高有多么重要，重要的是，在父母的期待中生活着的孩子是什么样的心情？这个被老师认为不聪明、让父母为他的学习成绩如此焦虑的孩子，到底是一个怎样的孩子？

我不了解这个孩子的本质，更不敢断定怎样才能提高"不聪明"的他的成绩。我觉得作为孩子的父母，应该首先从关注孩子学习成绩的焦点中走出来，重新全面地认识自己的孩子。

苏霍姆林斯基说：不了解孩子，不了解他的智力发展，他的思维、兴

趣、爱好、才能、禀赋、倾向，就谈不上教育。现在，有的学校让父母带孩子去做智力测试，有的学校用红领巾、绿领巾来区分孩子的优劣，还有的学校用作业本颜色的红、黄、绿来区分好学生和差学生……学校对学生的"分类"，已经让孩子们心理沉重，家庭教育应该是学校主流教育缺憾的弥补。但在现实中，许多父母对孩子成绩的关注不亚于学校，比老师更甚，而对孩子的多种能力的培养常常不太重视。如果我们做父母的也被成绩、分数牵着鼻子走，忽略了孩子多元智能的发展，忽略了孩子的情感和心理健康，那孩子的聪明就可能真的被扼杀了。

● 给孩子提供各展其能的舞台

哈佛大学心理学教授加纳指出人有八种智能：语言智能、逻辑数学智能、音乐智能、空间智能、肢体动作智能、人际智能、内省智能、自然观察者智能，并提出了"多元智能理论"。这种理论通俗而形象地说明，**没有人是全能的，也没有人是完全无能的**。分数成绩不是评价学生的唯一标准；某竞赛某特长的检测，也不能对学生的将来妄下断言。父母和老师应该给孩子提供各展其能、各显其才的舞台，让孩子充分体验成功的快乐。

台湾漫画家蔡志忠总是喜欢说"每个人都可以用一把刷子混饭吃"，关键是要尽早找到这把刷子。他在学校读书读到初二，把自己的作品寄给台北的一家出版社，初二暑假时得到他们的聘任通知，便带着 200 台币和一个大皮箱只身到台北。出版社的老板看到大皮箱后面小小的蔡志忠，倍感惊讶，没有想到画出自己相中作品的人竟还只是个孩子。在出版社工作的 5 年里，蔡志忠自修了大学美术系里的所有课程，从顾恺之到拉斐尔、从西方美术史到维纳斯的诞生。后来，蔡志忠到以外制电视节目而闻名的光启社求职。对方要求"大学相关科系毕业"，蔡志忠不管不顾冲过去，竟然击败

了另外 29 名应征的大学毕业生，进入了光启社。他说："我没有文凭，可是实力超强。"

每个孩子都是天才，只是父母们不知道。让孩子们找到好的学习方法，找到自己最喜欢做的事情，然后坚持，会事半功倍。

童话大王郑渊洁讲母亲如何对他进行教育的故事，令人深受启迪。当年郑渊洁的母亲根据郑渊洁的实际情况，坚决反对儿子去考大学。后来，郑渊洁听了母亲的话，早早地进入童话写作领域，成为一人写一本月刊、23 年的世界纪录保持者。可以这样说，是他母亲与众不同的家教方法，成就了一代童话大王。

有"厨艺界贝克汉姆"之称的杰米·奥立佛是英国的新新食神。杰米在英国的小村庄克莱维林长大，他的父母在那里经营着一家酒吧兼餐馆，餐馆在当地颇有声誉。杰米 8 岁时就在厨房中帮助厨师削土豆皮或剥豆荚。11 岁时，他已经能选配蔬菜来做美味的汤。16 岁时，杰米确信自己对烹饪的兴趣并非青春期的一时头脑发热，于是辍学去了威斯敏斯特餐饮学院，在那里完成了专业培训，后赴法深造。在奥立佛 19 岁时，英国 BBC 电视台推出一档以他为核心的烹饪节目《大城小厨》。这档节目不再中规中矩地在摄影棚里搭出一个厨房，它更加真实。奥立佛凭借不羁的风格、轻松自然的表情、某种引领时尚的魅力，成为风靡全球的"厨艺界贝克汉姆"。此外，奥立佛写的烹饪书籍成为全球畅销书，被翻译成 21 国文字出版；他自己的制作公司拍摄的他的真人秀节目则在全球 40 多个国家热播；他还在英国拥有 18 家私人企业。

也许大家会说这是极端的例子。可是，所谓"优秀""成功"不就是一个人能用己所长、做一般人做不到的事情吗？

也许你会说，例子很让人信服，可我们很难做到，谁敢呢？还是宁愿

考上大学，管他学什么，毕业找不到工作也总比不上大学心里踏实啊。是啊，中国的高考让改革开放后的一代代人，改变了终身的命运。但 30 多年过去，"唯学历论"也产生了很多的弊端，一次高考压抑了很多人的兴趣和爱好，从而也压抑了社会创造性和个性化人才的成长。

今天，中国的社会已经发生了很大的改变。如果没有综合素质，没有社会关系（这只能助一时，而难以助一生），即使大学毕业也难以找到工作。所以，明智的父母不把考入名牌大学当成培养孩子唯一的目标，而是根据自己孩子的特质，因材施教，做他自己的最好。

坚信吧，每一个孩子都是天才，只是需要父母和老师有发现的眼睛和爱心。当上帝给我们的孩子关上了这扇门，一定会在某一个地方打开一扇窗。在那里，有孩子生命需要的光亮和温暖，也有孩子将来生存所需的技能和特长。

● ● ● ●
阅读是一种习惯和生活方式

> 良好的习惯养成需要反复的良好行为的重复。要想让孩子爱读书，应想方设法让他对"读书"这一行为感兴趣，并让他重复"读书"这一行为。

儿子上小学四年级了，不愿意看书，光知道看电视、玩游戏，想培养他阅读的习惯，可他就是听不进去，怎么才能让孩子养成阅读的好习惯？

◉ 阅读是一种习惯和生活方式

人这一辈子会有很多兴趣，但是没有一样兴趣会比读书这一兴趣能够陪伴我们生命的时间更长。打乒乓球、钓鱼、旅游等，这些都会受年龄限制，只有读书这件事情，一旦以一种乐趣成为我们的一种生活方式和习惯，是可以从小做到老的。在阅读中了解他者的人生和浩瀚的世界，比发财升官带给我们生命的滋养更长久更深远。

有学历的人不一定会阅读，阅读是一种习惯和生活方式。知识不等于智慧，不等于懂得道理。读书读傻了的也有，尤其是被功利引导的读书，更容易把人禁锢在一种知识的框架中，束缚生命的自然和创造精神。但是，把兴趣当成乐趣，就会滋养生命。我认为，阅读的价值和意义不是为了让孩子考上硕士生、博士生，而是把看不看书当成判断一个人人格的最基本的区别，看一个人精神世界的丰富性，这是教育最核心的问题。

可以说，一个人的精神发源史，就是他的阅读史。人的躯体发育在很大程度上受遗传基因的影响，但人的精神很少有遗传的东西。人类精神的

传承，更多的是在阅读中实现的。一个有大量阅读的人，吸收的是人类丰富的思想和智慧，在阅读中，他的慧根会被启发，他的生命是丰满的，躯体在岁月中会逐渐衰老，但读书润泽的生命之灵不会干枯。我们希望我们的孩子拥有的是这样的一个生命状态，而不仅仅是脑满肠肥的物质享受。

● 父母示范与兴趣引导

读书是一种习惯，习惯的养成不是一天两天的事情。良好的习惯养成需要良好行为的不断重复，才能做到。要想让孩子爱读书，应想方设法让他对"读书"这一行为感兴趣，并让他重复"读书"这一行为。不要带着功利的目的逼着孩子去读书，说"你要读书，将来才能怎样怎样"，这样的逼迫会适得其反。引导他读书并使阅读成为他的一种兴趣和爱好时，可能会对孩子的成长更有益。

父母是爱读书的，是从小给孩子讲故事的，自然而然孩子就会形成习惯。硬性规定，不如让他模仿。如果父母都不读书，家里也很少有书，要求孩子爱读书，似乎较难办到。所以，当父母要求孩子爱读书时，就要先反省自己是不是一个爱读书的人。有一个幼儿园曾经要求家长在家里装着读书，以便能让孩子在模仿中激起读书的兴趣。有些父母用视听教育代替孩子的阅读，可能对拓展孩子的知识面会有帮助，但最后还得回归读书，**只有读书才能让人深入思考，也只有思考，才能促进自我的内省和精神的成长**。

● 注意阅读的广度和技巧引导

父母千万不要把孩子的"读书"，定义为就是看学校的那几本课业书。如果一个孩子在学校里面只读语文书，只读教科书教的东西，他就是一个

被"教育"塑形的"工具"。在各种学科能力中，阅读是最核心的能力，它是打开各科知识之门的一把钥匙。在"读万卷书"中，孩子可以吸取到广博的知识，实现和人类崇高精神的对话，理解各种人生道理，积淀人文素养。

在孩子小的时候，父母要经常和他一起阅读，一起分享阅读的乐趣。在选择阅读的图书时，既要适合孩子的年龄特点，还要有一定的信息含量。太浅了，孩子不感兴趣；太深了，孩子读不懂，也会让他失去兴趣。

有时间经常带孩子去逛逛书店，把给他买书当成一种奖赏，把书当礼物送给他。一起和孩子去图书馆，感受浩瀚知识的魅力，让他了解如何查阅资料。

如果孩子在电视上看到感兴趣的节目，找一本同一题材、同一话题的书给他看。如去动物园、博物馆前后，借一些有关的书让他看，去什么地方旅游之前，也可以让孩子查查有关旅游点的资料。开卷有益，丰富的知识就是这样一点一滴积累起来的，读书的习惯也是这样一次一次习得的。

营造一种好的家庭氛围，大家都以读书为乐，把读书和孩子心里面快乐的事情联系起来。如果你自己读了一些书，孩子感兴趣就讲给他听，激发他的兴趣之后，把书放到孩子能够拿到的地方，让他自己读完。

试试看，这些小技巧是不是管用。

因为懂得　所以会爱

这篇后记，既是给我自己策划的一个图书选题做个小结，也算是给自己的八年学习做一个小结。

从 2005 年策划出版《杨文教子》，到 2007 年《和儿子一起成长》出版，再到今天整理完成《和儿子一起成长 2 ——成长的节奏》一书，我知道，我已经不仅仅是在做一个选题的策划，而是走在一条通往爱的觉悟的路上……

当年，我被杨文作为母亲对儿子爱的艺术所感动，由此开启了我从一个新闻记者、主持人向家庭教育研究和写作领域的转型。8 年后的今天，我才意识到，这是我生命里一个重要的里程碑。我个体生命的成长，我的女儿，我的家庭，都因为我对家庭教育和女性生命成长的探寻而受益。

因为懂得，所以会爱。真正用心的爱，是循着被爱者的需求而爱。如果只凭着我们自己的感觉和想象去给予，这种爱有时可能会成为爱的关系的障碍。对孩子，对爱人，对家人，皆同此理。

人生最悲惨的事情是什么？就是当头发秃光了，才找到那把梳头的梳子。我很幸运，在我最需要爱的时候，在我最需要学习爱的时候，我有机会在这八年里如饥似渴地完成了一个潜心学习的历程。这个学习过程，没有学位授予，没有资质认证，是心灵被爱引领的追寻，是杂乱的心性被梳理后的清明。当我通过学习，去体悟生命成长的节奏时，我懂得了幼小生

命之奥秘，也理解了成熟生命之内涵。觉知的爱，就在这样的一个过程里弥漫心底，我获得了自我生命的成长和对爱的艺术的参悟。

用心去爱，这份爱就成为滋养人生幸福的源泉。

女儿已成人，我将知天命，父母已耄耋。一代又一代，生生不息。

麓　雪

2013 年春节